애덤 스미스가 들려주는

시장 경제 이야기

애덤 스미스가 들려주는
시장 경제 이야기

글 박주헌 · 그림 황기홍

01
경제학자가 들려주는
경제 이야기

㈜자음과모음

애덤 스미스는 우리가 살아가고 있는 경제 체제인 자본주의 시장 경제 질서에 대한 이론적 기초를 제공한 위대한 사상가입니다. 자연 현상에 과학적으로 설명할 수 있는 질서가 있듯이, 그는 경제 사회 현상에도 엄격한 질서가 존재한다고 생각하고 그 원리를 밝히고자 했습니다. 그 결과 '과학으로서의 경제학'을 탄생시키는 경제사적인 큰 발자취를 남겼고, 이와 같은 업적을 기리기 위해 후대 사람들은 그를 경제학의 아버지라고 부릅니다.

애덤 스미스는 18세기 당시 소수의 거대 상인과 대자본가들이 불공정한 방법으로 부를 쌓으려는 중상주의 체제를 철저히 배격하였습니다. 그는 완전한 자유로운 사회를 꿈꾸었던 것이지요. 스스로 선택한 목적을 자유롭게 추구할 수 있는 개인의 자유는 개인의 이익뿐만 아니라 사회 전체의 이익도 함께 증진시켜 가난한 절대 다수를 번영의 길로 이끌 수 있다고 믿었습니다. 이런 맥락에서 애덤 스미스는 개인의 자유에 기초한 시장 경제 질서를 옹호하고 그 우수성을 이론적으로 밝히는 데 큰 공헌을 한 경제학자입니다.

일각에서는 지난 2008년 미국에서 시작된 세계 금융 위기가 자본주의 시장 경제의 종말을 알리는 신호라고 말하기도 합니다. 하지만 세계 금융 위기의 원인을 모두 경제 체제 탓으로 돌리고 시장 경제 체제를 부정하는 태도는 결코 바람직하지 않습니다. 왜냐하면 시장 경제 체제는 우리나라를 비롯한 많은 국가를 번영으로 이끈 공적을 가지고 있기 때문입니다.

어떤 경제 체제도 완벽하지 않습니다. 시장 경제 체제는 많은 약점을 가지고 있지만, 자본주의 시장 경제를 능가할 만큼 효율성 높은 경제 체제를 발견하지 못하고 있는 현실도 인정해야 합니다. 이런 측면에서 시장 경제 체제를 어떻게든 수리해서 좀 더 효율적이고 공평한 경제 체제로 만드는 일이 21세기를 살아가는 우리에게 주어진 숙제라고 생각합니다. 이를 위해서는 시장 경제 원리를 정확히 파악하는 일부터 시작해야 하는데요. 애덤 스미스는 그 출발점으로 삼기에 가장 중요한 경제학자랍니다.

애덤 스미스가 들려주는 시장 경제 이야기는 여러분들이 시장 경제의 효율성과 그 작동 원리를 이해하는 데 큰 도움을 줄 것으로 확신합니다. 아무쪼록 이 책이 여러분 스스로 경제를 바라보는 관점을 세우는 데 도움이 되었으면 합니다.

박주헌

경제 문제란 우리가 경제생활을 하면서 부딪치게 되는 여러 가지 문제를 말한다. 경제 문제는 왜 발생하는 것이며, 모든 경제 문제의 근원에는 무엇이 자리 잡고 있을까?

시장에서 거래되는 상품에는 대부분 판매 가격이 표시되어 있다. 그렇다면 가격은 공급자들이 일방적으로 결정하는 것일까? 그렇지 않다. 우리 동네 주유소 사장님은 수요량의 변화를 검토하면서 공급량과 가격을 조절해 나간다. 따라서 가격은 수요량과 공급량이 일치하는 지점에서 결정되며, 이를 균형 가격이라 한다. 또한 이때의 거래량을 균형 거래량이라 한다.

초등학교	사회 6-1	Ⅰ. 경제생활의 이해와 경제 문제 해결 2. 경제 문제의 해결 방법
중학교	사회 3	Ⅲ. 시장 경제의 이해 1. 시장 경제의 특성- 돌고 도는 시장 경제 2. 가격의 결정과 변동 -수요와 공급이 만나 가격이 결정된다
고등학교	경제	Ⅰ. 경제생활의 이해와 경제 문제 해결 3. 경제 체제의 변천 과정 Ⅱ. 시장과 경제 활동 1. 시장 가격의 기능

경제 체제란 경제의 기본적인 문제들을 해결하는 제도적 방식이다. 다시 말하면 '무엇을 생산할 것인지, 그것을 어떻게 생산할 것인지, 그리고 생산된 결과물을 어떻게 분배할 것인지'를 결정하는 방식이 제도적으로 정착된 것이 바로 경제 체제이다.

모든 사람들이 자신의 이익을 위하여 노력하다 보면, 그것이 전체적으로도 바람직한 결과를 가져온다. 이러한 현상을 스미스는 '보이지 않는 손'에 의한 조화라고 설명한다.

	세계사	애덤 스미스	한국사
1723		스코틀랜드 커콜디 출생	
1729			조선 영조, 궁방전의 면세 특권 제한
1737		글래스고 대학 입학	
1740		옥스퍼드 대학 장학생	이익, 『성호사설』 발간
1748	삼권분립에 관한 몽테스키외의 저서 『법의 정신』 발간	글래스고 대학 강의 시작, 데이비드 흄과 만남	
1750			영조, 균역법 실시
1751		논리학 교수가 됨	
1754		에든버러에서 '명사회' 창립	
1758	중농주의자인 프랑수아 케네, 최초의 경제 순환 모델인 '경제표' 발표		
1759	청나라, 신장 등을 영토화하며 오늘날의 중국 영토 수립	『도덕감정론』 발간	
1764	영국, 새로운 조세 및 관세법 제정	버클루 공과 함께 프랑스 및 스위스 여행을 떠남	
1765	영국, 인지세법 제정		
1766			홍대용, 자연과학 사상이 담긴 『의산문답』 저술
1767		런던 왕립학회 회원으로 임명됨	
1769			유형원, 『반계수록』 간행
1773	영국, 노스규제법 통과시키고 인도를 식민지 지배		
1775	제임스 와트, 증기기관 발명		
1776	미국의 독립선언, 미합중국 건국	『국부론』 발간	정조, 규장각 설치
1778		관세 감독관으로 임명됨	박제가, 『북학의』 저술
1790		에든버러에서 사망	

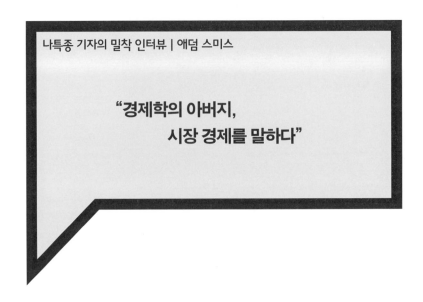

"경제학의 아버지,
시장 경제를 말하다"

　　오늘은 경제학의 아버지라고 불리는 애덤 스미스 선생님께서 '보이지 않는
손'의 원리에 대해 말씀해 주실 것입니다. 수업을 시작하기 전에 스미스 선생님
과의 인터뷰를 통해 선생님에 대해서 알아보도록 하겠습니다.

　　안녕하세요. 나특종 기자입니다. 이렇게 만나 뵙게 되어 영광입니다. 먼저
선생님의 어린 시절 이야기를 듣고 싶은데요. 태어나신 곳이 스코틀랜드라고
들었습니다.

　　네, 맞습니다. 저는 1723년 스코틀랜드의 작은 항구 마을인 커콜
디에서 태어났습니다. 세관 검사원이었던 아버지는 제가 태어나기
몇 달 전에 돌아가셨기 때문에, 불행히도 아버지를 뵌 적은 없지요.

그래서 어린 시절을 홀어머니 밑에서 지냈어요.

그러셨군요. 어쩐지 힘든 어린 시절을 보내셨을 것 같은데요. 학창 시절은 어떠셨나요?

외모는 형편없었지만, 공부는 잘했습니다. 줄곧 우등생이었죠. 열네 살 때 글래스고 대학에 입학하여 당시 공리주의(功利主義, utilitarianism)의 권위자였던 허치슨 교수의 지도 아래 3년 동안 철학을 공부했습니다. 그 후 옥스퍼드 대학의 베일리얼 칼리지에 장학생으로 선발되기도 했지요. 처음에는 당시에 공부깨나 한다는 학생들과 마찬가지로 신학을 공부한 후 성직자가 되려고 했어요. 하지만 데이비드 흄(David Hume)의 『인성론』을 읽고, 성직자가 되려던 꿈을 접었습니다. 나는 흄의 회의론에 깊이 빠져들었답니다. 한번은 『인성론』을 읽었다는 이유만으로 학교로부터 징계를 당하고, 책을 뺏긴 적도 있답니다. 흄은 무신론자였기 때문에 그 당시 흄의 책은 금서(禁書)였지요.

> **공리주의**
> 공공의 이로움을 추구하는 사상입니다. 19세기 중반 영국에서 나타난 사회 사상으로 가치 판단의 기준을 효용과 행복의 증진에 두어 '최대 다수의 최대 행복' 실현을 윤리적 행위의 목적으로 보았습니다.
>
> **데이비드 흄**
> 철학자이자 경제학자이며 역사가로 서양 철학, 계몽 운동과 관련되어 대표적인 인물입니다. 『인성론 A Treatise of Human Nature』를 1739~1740년에 출간하였습니다.

흄이 선생님의 인생을 바꿔 놓았군요. 그럼, 대학 졸업 후에는 어떤 일들을 하셨나요?

대학 졸업 후에 바로 일자리를 구하지는 못했어요. 그러던 중 1751년에 글래스고 대학의 교수로 임용되어 1년 후, 도덕철학 교수가 되었답니다. 당시 도덕 철학은 자연 철학, 윤리학, 법률학, 정치 경제학을 망라한 분야로 가장 인기 있는 과목이었지요.

그런데 왜 그 교수직을 그만두셨나요?

서른 살이 되었을 때, 타운센드 경의 양자인 버클루 공의 개인 교사를 하기 위해서였지요. 교수직을 그만둔다는 것은 쉽지 않은 선택이었지만, 한편으로는 유럽 여행을 떠날 수 있는 절호의 기회였습니다. 그래서 나는 대학 울타리를 벗어나 버클루 공과 함께 여행하며 여러 사람들을 만날 수 있었지요. 스위스, 프랑스 등지로 여행을 다니며 당시 계몽주의(啓蒙主義, enlightenment)와 중농주의(重農主義, physiocracy)의 선각자였던 볼테르(Voltaire), 케네, 튀르고 등을 만났어요.

대학 교수를 그만두고 여행이라니! 정말 멋지신데요? 그럼 선생님의 사회적 활동은 어떠하셨습니까?

나는 은행가, 상인, 정치가 등 다양한 분야의 사람들과 만나 많은 이야기를 나눴어요. 정치 경제 클럽 같은 단체를 통해 상인들의 이야기를 직접 듣기도 하고, 현실적인 경제 문제에 직접 참여하기도 했어요. 7년 전쟁(1756~1763)으로 인해 급증한 영국의 부채에 대한 연구를 수행하기도 했고, 600파운드의 고액 연봉을 받는 스코틀랜드 세관장으로 일한 적도 있어요. 노후에는 글래

계몽주의
18세기 유럽에서 유행한 사상사적 흐름입니다. 인간의 의식은 신(神)이 아닌 오직 인간의 이성(理性)에 의해 형성되어야 함을 주장했으며, 1789년 프랑스 혁명의 사상적 배경이 되었습니다.

중농주의
18세기 후반 프랑스의 케네를 중심으로 전개된 경제 이론으로, 농업이 국가의 경제적 기반이라고 여기는 사상입니다.

볼테르
18세기 프랑스 작가로 대표적인 계몽주의자입니다. 프랑스의 계몽사상가 집단이었던 백과전서파로 활동하였습니다.

애덤 스미스가 들려주는 시장 경제 이야기

스고 대학의 명예총장으로 추대되었답니다.

　정말 여러모로 활동을 많이 하셨네요. 참, 선생님은 '스미스 넥타이'를 아시나요?

　네. 미국의 40대 대통령으로 당선된 레이건 축하 파티 때 공화당원들 모두가 내 옆모습이 그려진 넥타이를 매고 참석했다더군요. 그나마 내 앞모습이 아니라 옆모습을 그렸다고 하니 참 다행입니다.

　그 넥타이는 스미스 선생님에 대한 존경을 표한 것 아닙니까? 그런데 옆모습을 그려 다행이라는 말씀은 무슨 뜻입니까?

　사실은 내가 좀 별나게 생겼거든요. 코는 얼굴에 비해 지나치게 크고, 눈은 개구리처럼 툭 튀어나오고, 아랫입술은 앞으로 돌출되어 있어서 볼품이 없습니다. 게다가 신경쇠약에 말더듬이 증세까지 있었답니다. 그러니까 한마디로 별 볼 일 없는 사람이었죠. 그래서인지 평생 독신으로 살았답니다. 여자들에게 호감을 사지 못했던 것 같아요. 알고 보면 나도 꽤 괜찮은 사람이었는데, 나를 몰라본 거지요.

　지금쯤 후회하는 분들이 많으실 것 같습니다. 지금 사람들은 선생님을 경제학의 아버지라고 부르지 않습니까? 선생님과 결혼했더라면 이름을 남길 수도 있었을 텐데요.

　나와 결혼했다면 경제학의 어머니로 불릴 수도 있었겠네요. 허허.

방금 말씀드린 대로 사람들은 선생님을 경제학의 아버지라고 부르고 있는
데요. 선생님께서 경제학을 창시하신 것이 맞나요?

　그렇지는 않습니다. 사실 경제학이 언제부터 생겼는지는 아무도
알 수 없습니다. 인간을 경제적 동물이라고 하지 않습니까? 인간은
누가 가르쳐 주지 않아도 무엇인가를 생산하고, 그것을 교환하여 생
활에 필요한 물자를 마련합니다. 인류 역사상 이런 식의 경제 활동
이 중단된 적은 단 하루도 없습니다. 국가는 이러한 경제 활동이 원
활히 이루어질 수 있도록 여러 가지 제도를 만들어 정책을 실행하는

데, 그러한 정책의 당위성을 인정받기 위한 논리적 근거 또한 필요한 것이지요. 그러다 보니 자연스럽게 경제학이라고 하는 학문이 발달하게 된 것입니다. 이미 고대 그리스의 철학자 아리스토텔레스는 사물의 가치라거나 이윤 획득 행위의 적절성 문제에 대해 자신의 의견을 밝힌 적이 있습니다. 하지만 이런 주장은 경제학이라기보다는 통치학 또는 도덕의 한 분야라는 측면이 강했지요.

그렇다면 현대적 의미의 경제학이 성립된 시기는 언제라고 보십니까?

콕 집어서 언제라고 말하기는 어려울 것 같습니다. 앞에서 말씀드린 대로 인간의 역사에서 경제는 항상 주요한 관심사였기 때문입니다. 그러나 확실한 것은 이전에도 경제학이 존재했다는 사실입니다. 예를 들어 중상주의자인 존 로크, 중농주의를 대표하는 케네 등이 있습니다.

그런데 사람들은 왜 선생님을 경제학의 아버지라고 부르는 걸까요?

경제학의 아버지라고 불러 주는 것은 저에게 큰 영광이지요. 나름 생각해 보면, '시장'이라는 개념에 대해 가장 먼저 체계적으로 말했고, 시장 경제가 하나의 법칙과 질서를 갖는 '체계'를 이룬다는 것을 발견했기 때문입니다. 이를테면 시장의 구조와 법칙성을 이론화하는 '과학의 경제학'을 발견했다고 할까요? 훗날 세이(Jean Baptiste Say)는 나의 이런 공적을 맬서스(Thomas Robert Malthus)에게 보낸 편지에서 다음과 같이 평하더군요.

세이
프랑스의 경제학자로, '3 생산
요소론', '판로설' 등을 주장하였
습니다.

맬서스
영국의 경제학자로, 인구는 기하
급수적으로 증가하는 데 비해 식
량은 산술급수적으로 증가하기
때문에 기근·빈곤 등이 발생한
나고 보았습니다. 주요 저서로는
『인구론』이 있지요.

"애덤 스미스는 부의 생산과 소비의 현상 전체를 제대로 파악하지는 못했습니다. 그렇다고 하여 그가 했던 일은 결코 축소될 수 없으며 우리들은 그에게 감사해야 합니다. 애덤 스미스에 의해 불확실하고 불분명했던 경제학은 모든 과학 중에서도 해명되지 않는 부분이 가장 적은 과학이 될 것입니다."

세이의 편지에서도 드러나듯이, 나의 역할은 근대 자본주의 경제 원리를 체계적으로 분석함으로써 경제학을 독립된 학문의 영역으로 올려놓는 것이었죠.

그렇군요. 그럼 스미스 선생님은 어떤 분들에게서 경제학을 배우셨나요?

나는 일생 동안 한번도 경제학을 정식으로 배워 보거나 가르쳐 보지 못했습니다. 참 이상하지요? 그렇지만 이유는 의외로 간단합니다. 내가 살았던 18세기에는 경제학이 하나의 독립된 학문 분야로 자리 잡지 못했으니까요. 물론 법률학을 강의하면서 경제 원리를 가르치기는 했습니다. 내가 죽은 후 한참 뒤인 1903년에야 비로소 케임브리지 대학이 윤리학에서 경제학을 분리해 독립된 학과로 만들었다더군요.

정말 대단하세요. 스승도 없이 그런 대단한 업적을 이루시다니요. 또한 선생님은 많은 책들을 남기셨는데요. 선생님의 대표적인 저술에는 어떤 것이 있습니까?

여러분들 모두가 잘 알고 있는 『국부론』을 빼놓을 수 없지요. 하지만 첫 번째 저서는 『도덕감정론』입니다. 1759년에 출간했으니까 『국부론』보다 17년 앞서 발간된 것이지요. 이 책을 쓰면서 인간의 이기심과 도덕적 결정 사이의 모순을 놓고 많은 생각을 했습니다.

이기적 인간은 간혹 자기 자신보다 타인을 만족시키는 도덕적 결정을 내릴 때가 있는데, 그 이유가 궁금했어요. 이에 대해 연구를 계속하다가 그 이유를 찾아냈지요. 내가 찾아낸 것은 소위 공명정대한 관찰자입니다. 마치 마음속에 공명정대한 관찰자가 살고 있는 것처럼, 사람들은 이 관찰자의 감시를 받고 있는 겁니다. 이를 통해 늘 이기적이지 않고 도덕적일 수 있는 것이지요.

『국부론The Wealth of Nations』은 1776년 3월 9일에 출판되었어요. 『국부론』의 원래 제목은 '모든 국민의 부(富)의 성질 및 원인에 관한 연구'였는데요. 이 책에서 '어떻게 하면 국민을 풍요롭게 할 수 있을까', '시민 사회의 안정을 유지하기 위한 국가 재원은 어떻게 확보할 수 있을까' 등의 문제를 놓고 고민했습니다.

당시 『국부론』의 인기는 어느 정도였나요?

당시 지식인들은 거의 다 읽었던 것 같아요. 18세기 후반은 산업 혁명이 시작되고, 자본주의 사회가 확립되던 때여서 더 그랬지요. 아무튼 많은 사람들이 영향을 받은 모양입니다.

한번은 이런 경험도 있었지요. 스물다섯의 어린 나이로 영국 총리에 오른 윌리엄 피트가 주최하는 모임에 초대된 적이 있었어요. 그런데 조금 늦게 참석을 하게 되었습니다. 미안한 마음에 눈에 띄지 않게 조용히 모임 장소에 들어서는데, 모임에 참석했던 모든 사람들이 일어나 계속 서 있지 않겠어요. 참 민망하더군요. 그 모임에서 그런 대접을 받을 만큼 지위가 높은 사람이 아니었거든요. 서둘러 착석을 권했지요. 그러자 윌리엄 피트가 "선생님이 앉으실 때까지 서 있겠습니다. 우리들은 모두 선생님의 제자이니까요."라고 말하더군요. 실제로 윌리엄 피트는 『국부론』의 내용을 참고하여 재정과 상업의 개혁안을 만들었어요. 그러한 점을 보면, 『국부론』은 학계뿐만 아니라 현실 세계에도 꽤 영향을 미쳤던 것 같습니다.

선생님의 영향력은 정말 대단했었군요. 아쉽지만 시간이 다 되어 마지막 질문을 드려야겠습니다. 선생님의 이론은 흔히 보수주의적이라는 평가를 받고 있습니다. 선생님은 자신을 보수주의자라고 생각하시나요?

내가 생각하는 보수와 진보의 구분은 이렇습니다. 즉, 보수는 당시 사회를 지배하는 질서와 사상을 인정하고 점진적인 변화를 꾀하는 태도라 할 수 있고, 진보는 지배 질서와 사상을 부정하고 혁신적 변화를 꾀하는 태도라 할 수 있지요. 이런 측면에서 현대의 자본주의 자유 시장 경제 질서하에서는 나를 보수주의자라고 부를 수 있겠죠. 왜냐하면 나는 자본주의 체제가 결코 무너지지 않을 것이라고 생각했기 때문입니다.

하지만 내가 살았던 18세기에는 전혀 그렇지 않았답니다. 오히려 당시의 지배적 이념이었던 중상주의(重商主義, mercantil-ism)를 비판하는 데 앞장섰지요. 예컨대 수출 증진 정책, 수입 억제 정책, 식민지 정책, 독점 무역 회사의 설립 등과 같은 중상주의 정책들이 일부 상인과 제조업자만의 이익을 증대시킬 뿐이고, 사회 전체의 이익을 저해한다

중상주의
상업이 국가 부의 원천이 된다고 여기는 사상입니다. 15세기부터 18세기 후반 자유주의적 단계에 이르기까지 유럽 지역의 경제 이론이었습니다.

고 비판하였답니다. 인위적 독점이나 배타적 특권 없이 시장의 자유로운 경제 활동을 보장할 때, 개인의 이익뿐만 아니라 사회 전체의 이익도 함께 증진될 수 있다고 주장했었지요. 이와 같은 주장은 당시 지배 계층에게는 파격적인 도전이었습니다. 그때 당시에 나는 보수가 아니라 오히려 급진적인 진보였지요.

네, 스미스 선생님. 인터뷰에 응해 주셔서 감사합니다.

감사합니다. 곧 이어질 강의를 통해 여러분들에게 더 자세한 내용을 말씀드리겠습니다.

네, 오늘 인터뷰를 통해 애덤 스미스 선생님에 대한 궁금증을 어느 정도 풀게 되었다고 생각합니다. 이것으로 인터뷰를 마치고, 선생님의 본격적인 강의를 들어 보도록 하겠습니다. 지금까지 나특종 기자였습니다.

경제, 무엇이 문제일까요?

인간은 누구나 자기를 보존하려는 본능을 가지고 있습니다. 그러나 삶을 영위하기 위해 필요한 자원은 한정되어 있지요. 이렇게 모자라는 자원을 어떻게 해야 잘 나누어 가질 수 있을까요? 이 고민이 바로 '경제'의 출발점입니다.

수능과 유명 대학교의 논술 연계

2009학년도 대학수학능력시험 경제 2번

2010학년도 대학수학능력시험 경제 3번

어떻게 저녁을 먹을 수 있을까?

경제를 영어로 economy(이코노미)라고 합니다. 이 말은 '집안 살림을 하는 사람'이라는 그리스어 oiko nomos(오이코 노모스)에서 비롯되었습니다. 이처럼 어원을 살펴볼 때 우리가 흔히 '경제(經濟)'라고 말하는 것은 특별히 복잡하고 대단한 게 아니라 집안의 살림살이와 같은 것이라고 볼 수 있지요. 다시 말해 경제에서 해결하고자 하는 근본 문제는 우리가 집안에서 매일매일 해결해야 할 일상생활의 문제와 크게 다르지 않지요.

예를 들어, 먹고 사는 문제를 한번 살펴볼까요? 우리 가족 모두가 식사를 거르지 않고 맛있게 먹기 위해서는 '누가 식사 준비를 해야 할지', '밥은 얼마나 지어야 할

교과서에는

'경제(economics)'라는 용어는 원래 가정 살림살이를 의미하는 그리스 어에서 유래했습니다. 가정 살림살이를 위해 누가 일을 해서 소득을 벌어들일지, 누가 살림을 해야 할지, 주말에는 여가를 어떻게 보내야 할지 등 수많은 문제에 대해 결정을 내려야 한답니다.

경제

인간의 삶에 필요한 것을 만들고 사용하는 모든 활동을 말합니다. 경제는 경세제민의 약자입니다. 경세제민(經世濟民)은 중국의 전국 시대 사상가인 장자의 저서에 나오는 말로, 세상을 다스리고 백성을 구제한다는 뜻이지요.

저녁을 준비하는 여인의 모습

지', '반찬은 무엇을 준비해야 할지', '또 반찬은 사다 먹을지, 아니면 직접 조리해 먹을지', '누가 어떤 반찬을 좋아하는지' 등 이루 헤아리기 어려울 정도로 많은 문제를 해결해야 합니다.

그럼 이 문제에 대한 답을 찾아보도록 하지요. 가령 '어머니가 오늘 저녁 집에서 식사할 식구들이 먹을 양만큼의 밥, 찌개 그리고 나물을 직접 조리하고, 아버지와 나머지 식구는 자신이 평소 먹던 양만큼 먹는다.'와 같은 답을 찾을 수 있을 것입니다. 그렇다면 가족들은 이런 답을 어떻게 찾을 수 있었을까요?

식구들이 서로 사랑하는 마음을 가지고 자발적으로 답을 찾을 수도 있겠고, 또 가끔은 아버지의 지시에 의해 다른 답을 찾기도 할 겁니다. 만약 어머니가 편찮아 누워 계신다면, 아버지가 큰딸한테 저녁 준비를 하라고 부탁하고, 딸이 이를 흔쾌히 받아들여 저녁 준비를 할 수 있지요. 이렇게 새로운 역할 분담이 이루어지는 것입니다.

그러나 만일 이러한 답을 찾지 못한다면 어떨까요? 역할 분담에 실패한다면, 저녁 식사가 준비되지 않아 식구들이 쫄쫄 굶는 일이 생길 겁니다. 따라서 우리는 가족애로 협력을 하든, 아버지의 지시에 따르든, 어머니의 한없는 희생에 기대든, 어떤 방법으로든 답을 찾아야만 하죠.

이것이 집안 살림에 해당하는 문제라면, 바깥 세상도 이와 마찬가지입니다. 세상이 잘 돌아가기 위해서는 '누가 청소를 하고, 농사를 짓고, 자동차를 만들고, 아이들을 가르칠까?' 등과 같은 생산자를 결정하는 문제부터, '농사를 얼마나 짓고, 자동차를 몇 대나 생산할까?'와 같은 생산 규모를 정하는 문제, 그리고 '소규모로 농사를 지을까?, 아니면 기업을 만들어 대규모로 지을까?'와 같은 생산 방법을 결정하는 문제, 또 '누가 아이폰을 사고, 누가 탕수육을 먹을까?'와 같은 소비자를 결정하는 문제에 이르기까지 여러 가지 문제를 해결해야 한답니다.

다시 말해 '무엇을, 어떻게, 얼마나 생산하고', '누구에게 분배하는가?'라는 문제들을 해결해야 한다는 말이지요. 이들 문제를 통칭하여 '자원 배분의 문제'라고 부릅니다. 왜냐하면 자원을 배분한다는 것은 '무엇을, 어떻게, 얼마나 생산하고' '누구에게 분배하는가?'를 정하는 일이기 때문이지요.

교과서에는

무엇을 어떻게 생산할지 결정했다고 해도 누구에게 어떤 방식으로 분배할지를 결정하는 것은 중요한 경제 문제입니다. 자원은 희소하기 때문에 재화를 어떤 사람에게 더 많이 분배하면 다른 사람에게는 덜 분배할 수밖에 없습니다.

철판은 배를 만드는 데 쓰일 수도 있고, 자동차를 만드는 데 쓰일 수도 있습니다. 따라서 우리가 배를 생산한다는 것은 일정한 양의 철판을 자동차 만드는 데 배분하지 않고 배를 만들고 설계하는 조선업에 배분한다는 의미로 해석될 수 있지요.

물론 여기서 자원은 흔히 말하는 천연자원만을 뜻하는 용어가 아닙니다. 무엇이든 생산에 도움이 되거나 소비의 대상이 된다면, 다시 말해 경제 활동의 대상이 되면 자원이라 할 수 있습니다.

이렇게 경제의 근본 문제는 살기 좋은 세상을 만들기 위해서 '자원 배분을 어떻게 할 것인가?'에 초점이 맞춰져 있다고 볼 수 있습니다.

산소와 석유의 차이점

자원 배분의 문제, 즉 자원을 어떻게 나누는가의 문제는 자원이 부족할 때 발생합니다. 자원이 부족하지 않다면 나눌 필요도 없겠지요.

공기 중 산소는 생명을 유지하기 위해 없어서는 안 될 소중한 자원입니다. 누구든 산소를 마시지 못하면 생명을 잃게 되지요. 그런데 우리는 산소의 배분 문제, 즉 산소를 어떻게 나눌지를 놓고 다투지는 않습니다. 누가 산소를 더 많이 들이마셨다고 불평하지도 않지요. 누구든 원하는 만큼 호흡하면 그만입니다. 왜 그럴까요? 그야 두말할 필요도 없이 공기 중에 있는 산소의 양이 우리가 필요로 하는 양보다 훨씬 많기 때문입니다. 그래서 산소는 나눌 필요가 없지요.

하지만 자원의 대부분은 우리가 필요로 하는 양보다 훨씬 적습니다. 사람은 누구나 햇빛이 잘 드는 넓고 쾌적한 집에서 살기를 원하지요. 그런데 햇빛이 잘 드는 장소는 어디에나 있는 것이 아닙니다. 또한 땅, 토지라는 자원은 양이 정해져 있지요. 땅이 충분하더라도 집을 짓는 데 필요한 시멘트, 벽돌, 철근 등의 자원 역시 무한정 있는 것이 아닙니다. 거기다 이러한 자원을 이용해 집을 지을 수 있는 능력을 가진 기술자, 일꾼 또한 넘쳐나는 것이 아니지요.

　이렇게 자원이 부족하여 발생하는 문제를 '희소성(稀少性, scarcity)의 문제'라고 하지요. 희소성의 문제는 결국 나누는 문제입니다. 희소성이 없으면 자원 배분을 할 필요가 없지요. 당연히 희소성이 없으면 경제 활동의 대상도 되지 않고요. 왜냐하면 경제 활동은 자원의 배분을 근본 문제로 삼기 때문입니다. 따라서 경제의 관심은 오로지 희소한 자원에만 집중됩니다. 한마디로 경제학은 희소성을 전제로 성립된 학문이지요.

　희소성의 정도는 자원마다 다르답니다. 정말 희소한 자원이 있는가 하면, 충분하지는 않지만 비교적 흔한 자원도 있지요. 그런데 여기서 꼭 기억해야 할 것이 하나 있어요. '얼마나 희소한가'를 결정하는 것은 자원이 얼마만큼 많이 있는지를 알려 주는 절대량을 기준으로 하는 것이 아니라, 우리가 필요로 하는 양에 비해 얼마나 부족한가를 나타내는 상대량을 기준으로 한다는 점입니다.

　현재까지 전 세계에서 발견된 원유의 매장량은 약 1조 3,000억 배럴이에요. 전 세계 사람들이 지금과 같은 속도로 사용한다면 약 42년 정도 쓸 수 있는 양이지요. 이것이 얼마만큼인지 상상이 되나요? 그럼 예를 들어 설명해 볼게요.

　우리나라에서 하루에 소비되는 석유의 양부터 시작해 보지요. 여러분, 서울 장충동에 있는 장충체육관 아시죠? 우리나라에서 하루에 소비되는 석유는 이 장충체육관 6개를 꽉 채울 수 있는 양에 해당합니다.

우리나라가 지금과 같은 속도로 석유를 42년 동안 소비할 경우 총소비량은 장충체육관 6개 곱하기 365일, 거기에 또 42년을 곱한 값으로, 장충체육관 9만 1,980개에 해당합니다.

그런데 우리나라가 전 세계 석유 소비량에서 차지하는 비중이 약 2.7% 정도 되거든요. 즉, 전 세계 석유 소비량은 우리나라 소비량의 약 37배가 된다는 뜻이지요.

그렇다면 전 세계의 석유 매장량은 얼마나 될지 계산해 볼까요? 장충체육관 9만 1,980개에 37을 곱하면 되겠죠? 그러면 장충체육관 340만 4,260개를 채울 수 있는 양이라는 걸 알 수 있지요. 이제 가늠이 되나요?

절대량으로만 따진다면 석유보다 많은 자원은 흔치 않습니다. 하지만 석유는 고갈을 걱정할 정도로 희소성이 매우 높은 자원이랍니다. 왜냐하면 석유의 절대량이 아무리 많다고 해도 우리들이 원하는 양은 그보다 훨씬 많기 때문이지요. 따라서 석유는 산소와 달리 자원 배분의 대상이 되겠죠? 석유는 희소하니까요.

교과서에는

석유 수출국 기구(OPEC)에서 1973년 석유 생산을 감축하기로 결정하고 석유 가격을 약 500% 인상하였습니다. 이에 따라 1973년 1차 석유 파동으로 배럴당 2.5달러 하던 석유가 11.5달러로 인상되었으며, 1979년 2차 석유 파동 이후에는 34달러로 인상되었습니다.

중동에서 일어난 오일쇼크

이렇게 석유의 양이 부족하다 보니 석유 가격이 전 세계적으로 커다란 충격을 준 사건이 있었어요. 이 사건을 오일쇼크(oil shock)라고 부른답니다. 오일쇼크는 두 차

원유 시추

례에 걸쳐 원유 가격이 갑자기 크게 뛰어오르면서 세계 경제에 엄청난 타격을 준 사건을 말하지요.

첫 번째 오일쇼크는 1973년에 일어난 4차 중동 전쟁 중, 10월 17일 중동의 산유국들이 석유 가격을 일제히 인상하면서 일어났어요.

사우디아라비아, 쿠웨이트 등의 중동 산유국들은 제2차 세계 대전이 끝난 1945년 이후부터 원유를 독자적으로 생산할 수 있는 설비를 갖추게 되었지요. 그동안은 소위 '메이저'라고 불리는 서구의 석유 회사들의 압력에 눌려 있었는데, 독자적인 생산 설비를 갖추면서 상황이 달라진 것이죠. 그러던 와중에 당시 소련(현재 러시아)이 본격적으로 원유 생산을 시작하면서 원유 가격이 배럴당 1달러선으로 크게 떨어지게 되었죠. 원유 가격이 떨어지면서 서구의 석유 회사들은 자신들의 수입을 지키기 위해 중동 산유국들에게 지불하던 로열티(royalty)를 줄였어요. 이에 대항하여 1960년 9월 14일 사우디아라비아, 쿠웨이트, 이란, 이라크, 베네수엘라 등 5개 국이 바그다드에서 모여 석유 수출국 기구(OPEC, Organization of Petroleum Exporting Countries)를 출범시켰어요. 회원국은 점점 늘어 현재는 나이지리아, 리비아, 베네수엘라, 사우디아라비아, 앙골라, 알제리, 이라크, 이란, 에콰도르, 카타르, 쿠웨이트,

로열티
다른 사람의 특허권이나 상표권, 저작권 등을 사용하고 지불하는 값을 말합니다. 사용료, 인세 등과 같은 의미이지요.

석유 수출국 기구
국제 석유 자본에 대한 발언권을 강화하기 위하여 결성한 기구로서, 석유를 수출하는 회원국들이 협력하여 국제 석유 가격을 조정합니다.

아랍에미리트(UAE) 이렇게 12개 회원국이 소속되어 있습니다.

석유 시장은 OPEC 초기에도 여전히 서구의 석유 회사의 압력에 눌려 있었지만 1973년 10월 아랍권과 이스라엘 간에 일어난 제4차 중동 전쟁을 계기로 OPEC이 단숨에 석유 시장을 장악하게 되었죠. 사우디아라비아를 포함한 페르시아만 6개국은 원유의 가격을 단번에 17%나 인상한 데 이어서, 이스라엘이 아랍 점령 지역에서 철수하고 팔레스타인의 권리가 회복될 때까지 원유 생산량을 매월 5%씩 줄이겠다고 선언했어요.

이 선언 이후로 전 세계의 석유 시장은 걷잡을 수 없는 혼란에 빠져들었습니다. 1973년 초 배럴당 2달러 59센트였던 중동산 석유 가격은 1년 만에 11달러 55센트로 무려 4배 가까이 올랐어요. 각국의 기업과 소비자들은 급등하는 석유 가격 때문에 아우성을 쳤고, 각국 정부는 비상 대책 마련에 나섰지만 뾰족한 수가 없었지요.

각국 정부는 여러 업종에 대한 전력·석유의 공급을 줄이고, 석유 절약 캠페인을 벌이는 등 안간힘을 썼습니다만 세계 경제 전체의 경제 성장률은 크게 떨어졌습니다. 1975년 서구 선진국들은 마이너스 성장을 하게 되었고 인플레이션이 가속화되었으며, 국제 수지도 대폭적인 적자를 기록하였지요.

1차 오일쇼크로 인해 OPEC은 국제 석유 회사들이 독점하였던 원유 가격 결정에 대한 권한을 통제하게 되었고, 이는 곧 자원 민족주의를 강화시키는 결과를 가져왔어요. 2차 오일쇼크는 1979년 이란의 정치 상황이 혼란스럽게 전개되자 원유 생산을 대폭 줄이고 수출을 금지하는 과정에서 일어났지요.

당시 이란은 세계 석유 공급량의 15%를 담당하고 있었는데 정치 상황이 악화되자 석유의 수출을 전면적으로 금지시키는 조치를 취했습니다. 당연히 석유 공급에 큰 차질이 빚어졌겠지요. 이에 더해 석유업자들이 각종 매점매석과 투기를 저지르면서 국제 석유 시장은 큰 혼란을 겪게 되었습니다.

2차 오일쇼크가 일어나기 진인 1978년의 석유 가격은 배럴당 12달러 70센트 선이었으나, 1981년 10월에는 무려 34달러 선에 육박했어요. 이 가격은 무려 168%나 오른 수치였지요.

석유는 희소성이 큰 자원이기 때문에 이렇게 공급량에 따라서 가격이 크게 영향을 받는답니다. 역사적으로 두 차례의 큰 오일쇼크를 겪은 이후, OPEC은 단합의 시대를 열어 가고 있지요.

오일쇼크의 사례에서도 알 수 있듯이, 인간의 욕망은 끝이 없는 반면, 이 욕망을 충족시켜 주는 자원은 한정되어 있지요. 그렇기 때문에 희소성의 문제는 우리 인류에게 주어진 숙명적인 과제입니다. 바로 이 문제를 붙잡고 씨름하는 학문이 '경제학'입니다. 다시 말해 경제학은 '희소성'이란 근본 문제에 대처하는 인간의 행태를 연구하는 학문인 것이지요.

죄수들을 살리는 마술!

이처럼 자원은 희소하기 때문에 누구도 원하는 만큼 다 가질 수는 없답니다. 원하는 만큼 가질 수 없으니 불만이 생기겠지요. 하지만 어쩔 수 없습니다. 자원이 모자라니까요. 그래서 자원을 나누어야 하는 문제가 생깁니다.

그런데 자원을 나누는 일이 과연 쉬울까요? 누구든 많이 가지려고 서로 옥신각신 다투지 않겠습니까? 여러분도 맛있는 음식을 앞에 두고 자기가 먼저 먹겠다고 형제들과 다툰 경험이 있을 거예요. 이렇듯 한정된 자원은 가족 간에도 나누기 어려운 것이죠. 하물며 가족이 아닌 다른 사람들과의 문제라면 더욱 어렵고 복잡해지지 않을까요?

인간은 자신만을 생각하는 이기적인 존재일까요? 아니면 남들을 위할 줄 아는 이타적인 존재일까요? 한 가지로만 말할 수는 없을 것 같아요. 인간은 이기적이면서도 때로는 이타적이기도 하지요. 그것은 인간의 행동이 항상 똑같을 수는 없기 때문이에요.

하지만 인간은 보편적으로 이기적인 존재라고 생각했습니다. 그래서 이런 믿음을 『국부론』에서 다음과 같은 예를 들어 주장했지요. 후대 사람들이 책을 인용할 때 특히 이 부분을 많이 언급하더군요. 한번 볼까요.

"우리가 저녁 식사를 할 수 있는 것은 푸줏간 주인이나 양조장 주인, 빵 제조업자들의 박애심 덕분이 아니다. 오히려 그들이 일차적으로 관심을 두는 것은 돈벌이 그 자체이다."

결국 우리가 저녁 식사를 계속하기 위해서 푸줏간 주인이나 양조장 주인의 박애심(Philanthropy)에 호소하는 것은 아무 소용이 없다는 말입니다. 오히려 우리는 그들의 이기심에 호소해야 하는 것이지요. 우리가 굶지 않기 위해 그들에게 도와달라고 매달려 보아도 그들은 자신들에게 이익이 되지 않는다면 결코 도와주지 않을 거예요. 오히려 그들에게 우리의 저녁 식사 거리를 계속 공급해 준다면 돈을 많이 벌 수 있다고 설득하는 편이 훨씬 낫습니다.

반대로 우리가 백화점에서 물건을 살 때를 생각해 봅시다. 우리가 물건을 사는 이유는 백화점이 돈을 벌 수 있도록 도와주려는 것이 아니지요. 단지 우리들의 욕구를 충족시키기 위해서예요. 그리고 이것은 백화점 입장에서도 마찬가지예요. 백화점도 우리의 행복과 이익을 생각해서 상품을 판매하는 것이 아니라 자신들의 돈벌이를 위해 상품을 판매하는 거예요.

이와 같이 타인보다 자기 자신을 먼저 생각하는 건 지극히 당연한 인간의 본성이 아닌가 싶어요. 이런 본성이 나쁘다고 말할 수는 없다고 생각해요. 그런데 '이기적'이란 표현에는 이미 남을 비난하는 듯한 느낌이 담겨 있는 것 같지 않나요? '이기심'이란 말은 보통

'남은 어떻게 되든 나만 좋으면 돼.'라는 삭막한 의미로 들리지요.

바로 이런 부정적인 느낌 때문인지는 몰라도 인간의 이기심(利己心, selfishness, self-interest)을 바탕으로 만들어진 경제 체제인 시장 경제를 마치 약육강식만이 지배하는 비인간적인 경제 체제로 단정 짓는 편견에 종종 사로잡히기도 하는 것 같습니다.

한편에서는 이런 편견을 없애기 위해 이기심이란 용어 대신 '자기애'라는 용어를 쓰자는 주장을 합니다. 우리는 일반적으로 통용되고 있는 이기심이란 용어를 계속 쓰겠습니다만, 내가 여기서 강조하고 싶은 것은 우리가 말하는 이기심은 좋고 나쁨이라는 윤리적 판단 없이 인간의 본성을 담담하게 표현한 용어라는 점입니다.

많은 사람들이 '이기심'은 도덕적으로 선(善)이 아니라고 생각하는 것 같습니다. 나는 1759년에 출간한 『도덕감정론』에서 인간의 덕성은 어디에 있으며, 도덕적인 판단력은 어떻게 형성되는지에 대해 규명하려고 했지요. 당시의 윤리관과 도덕관은 중세의 종교적 교리에 따라 이기심을 부정하고 박애심(博愛心)을 높이며, 감정적인 언행보다는 이성적인 판단을 요청하던 시절이었지요.

박애심으로 인해 사회가 아름다워지기는 하겠지만, 박애심이 사회 안정을 위해 꼭 없어서는 안 될 가치는 아니지요. 다시 말해 박애심이 없다고 할지라도, 매일 싸움이 끊이지 않는 삭막한 사회가 되지는 않는다는 것이지요. 오히려 박애심에 의해 유지되는 사회는 모

> **이기심**
> 자기를 이롭게 하려는 마음이라는 뜻입니다. 일반적으로 나쁜 의미로 사용하는 것과 달리, 인간의 본능적인 욕구 충족을 위한 자연스러운 형태이기도 하지요.

래 위에 지은 건물처럼 허점투성일 것입니다. 왜냐하면 인간은 아무리 박애심이 많다 하더라도 자기중심적인 본성을 버릴 수 없기 때문이지요.

사람은 태어나면서부터 자신의 처지를 개선하려는 이기적 욕망을 갖고 있으며, 바로 이러한 이기적 본능이 인간 행동의 원동력으로서 지속적이고 강력한 힘을 발휘합니다. 아무리 본인의 일이 즐겁다고 할지라도 그 일에 보상이 따르지 않는다면 사람들은 과연 그 일을 계속할 수 있을까요? 그것은 알 수 없는 일입니다. 하지만 보상이 없을 때보다 보상이 있을 때 훨씬 더 안정적으로 그 일을 계속할 수 있을 것입니다. 보상에 대한 욕구로 인해 그들은 더 강력하게 그리고 지속적으로 일할 수 있는 것이지요.

인간이 얼마나 보상에 대해 민감한지 알 수 있는 사례를 하나 들어 보겠습니다.

호주는 과거 영연방 시절, 영국의 중죄인들을 이주시킨 곳이라고 합니다. 당시 영국에서 중죄인들을 배에 가득 싣고 호주까지 수송하는 데는 약 8개월이 걸렸습니다. 좁은 선상에서 오랜 기간 살아야 하는 죄인들의 생활은 어떠했을까요? 오랜 시간 비좁은 공간에서 제대로 된 식사마저 제공되지 않은 상황에서 수송 도중 많은 죄인들이 목숨을 잃었지요. 기록에 의하면, 죄수의 1/3 이상이 수송 도중 목숨을 잃었다고 합니다. 이를 심각하게 받아들인 영국 정부는 배를 기준으로 하던 수송료 지불 방식을 죄인 기준으로 바꾸었어요. 배 한 척당 얼마씩 지불하던 기존의 방식에서, 생존 죄인 한 명당 얼마씩

지불하는 방식으로 변경한 것입니다. 그 결과는 놀라울 정도였어요. 죄인들의 사망률이 획기적으로 줄어들었습니다.

배 한 척당 수송료를 받을 때에 선장은 안전한 운항만을 유일한 목표로 삼았던 반면, 생존 죄인의 수에 따라 수송료를 받게 되자 선장은 죄인들의 건강까지도 챙기게 되었지요. 이처럼 인간의 생명을 대하는 태도조차도 보상 체계에 따라 달라질 수 있는 것이 인간의 본성이에요. 물론 흔쾌히 인정하기는 싫지만 말입니다.

그러나 아무리 이기심이 인간의 본성이라고 해도 만약 이기심이 공익을 해치게 된다면 인간의 이기적 행위는 적절히 제한되어야 하겠지요. 즉, 각 개인의 이기심을 통제하지 못해서 우리 모두의 이익인 공익이 크게 침해된다면, 이기심을 어떻게든 통제해야 하겠지요. 하지만 나는 개인의 이기적 행위가 결국에는 공익에 기여하게 된다고 생각했어요. 물론 여기서 말하는 이기심이란 합법적으로 보호되고 있는 타인의 권리를 침해하지 않는 범위 내에서 자신의 뜻대로 자기 욕구를 충족시키려는 행동을 뜻하지요.

그렇다면 개인의 이익과 공적 이익은 어떻게 조화를 이룰 수 있을까요? 그것은 시장의 자율적 기능을 통해 이루어지지요.

코끼리를 부탁해!

아프리카 코끼리는 그 상아와 가죽으로 말미암아 사냥꾼들의 좋은 밀렵 대상이 되고 있습니다. 아프리카 중동부에 서식하고 있는 코끼리 수가 1979년에 약 100만 마리에서 1989년 약 40여 만 마리로 급격히 감소할 정도로 코끼리를 마구 잡아서 심각한 지경이었습니다. 이러한 코끼리의 대량 살상을 막기 위해 아프리카 국가들이 취한 정책들 중에서 케냐의 정책과 짐바브웨 정책은 비교할 가치가 있습니다.

케냐 정부는 코끼리 보존에 매우 적극적이어서 10년 이상 코끼리 사냥을 전면 금지한 반면, 짐바브웨 정부는 각 촌락 부락민에게 코끼리에 대한 재산권을 부여하고 부락민들이 자신들이 돌보는 코끼리의 일부를 합법적으로 거래할 수 있게 허락했습니다. 또한 코끼리 거래 금액의 일부로 밀렵 방지 기금을 조성했습니다.

언뜻 생각하면 코끼리 사냥을 전면 금지한 케냐의 코끼리 보호 정책이 강력하고 적극적이어서 매우 효과적일 것으로 예상할 수 있습니다. 그러나 현실의 결과는 크게 다르게 나타났습니다. 케냐에 서식하고 있는 코끼리 수는 1979년 6만 5,000마리에서 1989년 1만 9,000마리로 현격히 감소한 반면, 짐바브웨의 코끼리는 동일 기간 동안 3만 마리에서 4만 3,000마리로 오히려 증가한 것입니다.

왜 이런 차이가 나타난 것일까요? 케냐의 코끼리는 케냐 국민 모두가 함께 소유하는 공공 재산일 뿐 사유 재산이 아니었습니다. 그러자 정부가 아무리 코끼리의 귀중함을 홍보해도 주민들에게 코끼리는 자신들 뒷마당에서 기르는 돼지보다 귀중하지 않게 되었습니다. 또한 주민들에게 코끼리는 자신들의 곡물을 짓밟고, 사막의 귀중한 오아시스를 훼손하는 귀찮은 존재에 불과했기 때문에, 밀렵꾼들의 코끼리 사냥을 목격하더라도 굳이 당국에 고발하려 들지 않았습니다. 케냐에서 코끼리는 법의 보호를 받았

을 뿐이지, 사람의 보호는 받지 못했던 것입니다.

이와는 대조적으로 짐바브웨 주민에게 코끼리는 귀중한 재산이 되었습니다. 자신들에게 재산권이 인정된 코끼리를 보호하여 관광 자원으로 활용하기도 하고, 일부를 수렵하여 공개적으로 거래함으로써 수익을 올릴 수 있었습니다. 짐바브웨 주민들은 자발적으로 자기 부락 소유의 코끼리가 밀렵되지 않도록 늘 보호했던 것입니다.

케냐와 짐바브웨의 대조적인 코끼리 보호 정책은 아무도 소유하지 않았던 자원에 대해 재산권을 부여할 때와 이를 계속 공유 재산으로 남겨둘 때의 결과가 극명히 다르게 나타난 좋은 사례입니다.

자원을 나누는 방식

인간은 이기심을 활용하여 경제 활동을 합니다. 그런데 각자의 이기적 행동이 매번 충돌을 일으킨다면 어떻게 될까요? 사회는 이러한 충돌을 방지하기 위해 이기심을 추구하는 행위에 대한 규칙을 정합니다. 즉, 자원을 배분하는 방식을 구조적으로 형성하는 것이지요. 이것이 경제 체제입니다.

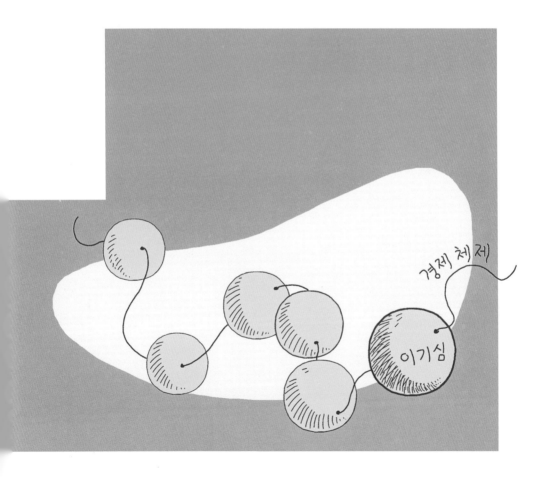

수능과 유명 대학교의 논술 연계

2011학년도 대학수학능력시험 경제 1번

2010학년도 대학수학능력시험 경제 8번

서울대 2008학년도 수시 논술고사 문제

한양대 2010학년도 수시 2차 논술고사 문제 – 인문계열 2번

이번 시간에는 자원 배분에 대해서 이야기해 볼까 합니다. 이기적인 인간들이 모여 사는 사회에서 자원 배분은 어떤 방식으로 해야 할까요? 바로 이 질문에 대한 답이 경제 체제입니다.

자, 그럼 어떤 경제 체제가 있을지 상상해 봅시다.

먼저, 가족과 같이 사랑하는 마음으로 서로 협력하며 귀중한 자원을 배분하는 경제 시스템을 생각할 수 있겠지요. 그러나 사회생활에서의 인간관계는 가정에서의 가족 관계와는 또 다르지요. 가족끼리는 서로 사랑하는 마음이 있어 내가 아닌 다른 가족의 이익을 위해서도 기꺼이 희생하려 하기 때문에 협력이 잘 이루어집니다. 하지만 전혀 모르는 사람들이 모여 사는 사회에서는 남을 배려하기보다는 먼저 자신의 이익에 따라 움직이기 때문에 무조건적인 협력을 기대하기는 어렵습니다. 이런 이유 때문에 가족끼리 이루어지는 자

> **교과서에는**
>
> 경제 체제란 경제 문제의 해결 과정에서 선택과 관련된 의사 결정을 누가, 어떻게 내려야 하는지를 규정하는 각종 법규, 기구, 조직 그리고 가치관 등의 모두를 말합니다. 즉, 경제 체제는 희소한 자원을 배분하는 체계적인 장치인 것입니다.

원 배분 방식은 현실적으로 사회에 적용되기 어려운 방식이라 볼 수 있습니다. 그러면 현실적인 방법으로는 어떤 것이 있을까요?

여기 세 가지의 경제 체제를 소개하고자 합니다.

명령 경제 체제

첫 번째 방법은 권위를 인정하고 그 권위와 명령에 따르는 '명령 경제 체제'입니다.

가령 군대 사회는 철저히 명령에 따라 자원이 배분됩니다. 부대장의 명령에 따라서 업무가 분담되고, 저녁 식단이 정해지는 등 부대의 자원이 일사분란하게 배분됩니다. 명령에 의해 자원 배분이 이루어지는 세상은 어쩔 수 없이 중앙 집권적인 체제가 됩니다. 명령을 내리는 권위가 사회의 중심을 형성하고, 이 중심에 있는 세력이 자원 배분의 권한을 독점하게 되는 것이지요. 군대에서 부대장이 권한을 독점하는 것과 마찬가지입니다.

군대에서는 병사들에게 담배와 건빵을 나누어 주는데, 병사마다 담배를 피우는지, 건빵을 좋아하는지를 따지지 않습니다. 그저 모든 병사에게 하루 담배 반 갑, 건빵 한 봉지씩을 똑같이 나누어 줍니다. 똑같이 나누어 주었으니 일단은 자원이 평등하게 배분되었다고 볼 수 있습니다. 하지만 이 방법이 효율적일까요? 그렇지 않습니다. 담배를 피우지 않는 병사에게 담배는 아무 소용 없는 자원이지요. 또한 담배를 많이 피우는 병사에게는 하루 반 갑은 매우 적은 양입니다.

그러니 비흡연 병사에게는 담배 대신 건빵을 주고, 흡연 병사에게는 건빵 대신 담배를 주면 모두가 더 행복해지겠지요. 그런데 명령에 의존하는 군대에서는 자원이 이런 식으로 배급되지 않습니다. 왜냐고요? 부대장이 누가 담배를 많이 피우고, 누가 담배를 피우지 않는지를 정확히 알지도 못하고, 또 알 수도 없기 때문입니다.

군대도 이런 사정인데, 하물며 군대보다 수천 배 더 큰 사회에서는 오죽하겠습니까? 내가 무엇을 제일 잘할 수 있고, 또 무엇을 제일 갖고 싶은지를 중앙 정부는 결코 알 수 없을 테니까요. 그러니 비효율적이지요.

군대보다는 좀 덜하지만, 자원 배분을 명령에 의존하는 사회가 있습니다. 일인 독재 혹은 일당 독재가 여기에 해당되겠지요. 하지만 현실 세계에서는 아무리 독재라고 하더라도 군대와 같은 무조건적인 명령 체계로 자원을 배분할 수는 없습니다.

파시즘의 악몽

파시즘이 대표적인 독재 체제라 할 수 있습니다. 파시즘은 1922년부터 1943년까지 이탈리아를 통치한 무솔리니의 정치 이념이었습니다. 파시즘이라는 용어는 이탈리아 어인 파쇼(fascio)에서 유래하였습니다. 파쇼는 '묶음'이라는 뜻이지요. 즉, 개인보다 전체를 중시하는 정치 형태입니다. 민족이라는 전체를 중시하며, 모든

나치의 소년 친위대인 히틀러 유겐트

결정은 권위적인 독재자의 명령으로 이루어집니다.

이탈리아의 무솔리니는 '협동 국가'라는 구호를 내세웠는데요. 그렇지만 그 협동은 자발적인 협동이 아니라 강제적인 협동이었지요. 왜냐하면 기업이나 노동에 관한 경제적인 문제들이 중앙 정부의 명령으로 진행되었기 때문입니다. 이것은 전체를 강조하여 국민을 통제하는 전체주의에 불과한데, 이러한 전체주의는 개인보다 전체를 강조하며, 개인의 희생을 요구하였지요.

이러한 파시즘은 히틀러에게 영향을 주어 나치즘이 탄생하는 계기가 되었어요. 그러나 이러한 독재 체제는 오래가지 않아 결국 망하고 말았지요. 그것은 경제적으로 효율적인 배분 방법이 아니었기 때문입니다.

보다 효율적인 배분 방식은?

그렇다면 한 사회가 가지고 있는 자원을 어떻게 배분하는 것이 가장 효율적일까요? 누가 무엇을 생산하고, 그것을 누가 소비하는 것이 가장 효과적일까요?

이 질문에 대한 답은 사실 너무도 쉽습니다. 당연히 '가장 값싸게 생산할 수 있는 사람이 가장 필요한 물건을 생산하고', '가장 가치를 높게 평가하는 사람이 소비하는 것'이 효율적이겠지요.

한번 생각해 보세요.

가정에서 여러분이 살림살이를 맡고, 동생이 밖에 나가 돈을 벌고, 엄마, 아빠가 학교에 다닌다면 어떻겠습니까? 아마 살림살이도 엉망이 되고, 돈도 부족해지고, 미래에 대한 희망도 줄어들겠지요. 역시 아빠는 나가서 돈을 벌고, 엄마는 살림살이를 하고, 여러분이 학교에 다니며 공부를 해야 살림살이도 넉넉해지고, 집안도 깨끗하며, 가정의 미래도 밝아집니다.

여러분 가정의 자원 배분은 어떠한가요? 효율적인가요, 아니면 비효율적인가요? 내 생각에는 아마도 효율적으로 배분되어 있을 겁니다. 왜냐하면 가족들끼리 누가 무엇을 하면 가장 좋을지, 또 무엇을 가장 좋아하는지를 너무도 잘 알고 있고, 자원 배분을 책임지고 있는 가장의 지시에 대체로 잘 따르고 있을 테니까요.

그러면 사회에서의 명령에 의한 자원 배분도 과연 가정에서처럼 효율적일까요? 하지만 불행히도 효율적일 가능성이 거의 없습니다. 사회의 자원을 효율적으로 배분하기 위해서는 명령을 내리는 중앙 집권 세력이 누가 무엇을 가장 잘 생산하고, 또 누구에게 무엇이 가장 필요한지를 정확히 알아야 하기 때문입니다.

앞서 살펴보았듯이, 사회에서는 자원 배분이 가정에서처럼 자발적인 협조로 이루어지는 것은 불가능하고, 또 군대에서처럼 명령으로 하면 비효율을 초래한다고 하니, 또 다른 대안을 찾아야겠군요.

우리가 그 대안으로 생각할 수 있는 것이 바로 계획 경제 체제와 시장 경제 체제입니다.

계획 경제 체제

교과서에는

계획 경제 체제에서 정부는 소비자들에게 필요한 재화와 용역의 종류와 양뿐만 아니라 생산 방법까지도 결정하며, 개별 기업들은 이러한 정부의 결정을 수행하기만 하면 되는 것입니다.

'계획 경제 체제'란 중앙 정부의 계획에 따라 재화(財貨, goods)의 생산, 분배, 소비가 통제되는 경제체제를 말합니다. 다시 말해 계획 경제 체제에서는 자원 배분이 사회적 협의 과정을 통해 이루어집니다.

계획 경제 체제는 세상을 자신이 그리는 이상형으로 만들 수 있다는 믿음에서 출발합니다. 그러나 내가 보기에 그것은 지나친 자기 과신이지요.

이러한 믿음을 가지고 있는 사람들은 정치적 협의 과정을 통해 세상의 이상적 모습을 설계할 수 있고, 그 설계에 따라 사람을 체스판의 말처럼 자기 마음대로 통제할 수 있다고 생각하는 것 같아요. 착각도 보통 착각이 아니지요. 나는 『도덕감정론』에서 이런 착각을 다음과 같이 일깨워 주었어요.

"체제를 다루는 사람들은 자신이 매우 현명하다고 착각하는 경향이 있다. (……) 그는 거대한 사회의 구성원들을 체스판의 말처럼 자기 마음대로 움직일 수 있다고 생각하고 있는 듯하다. 그러나 그는 자신이 체스판의 말들을 마음대로 움직일 수 있는 이유가 그 말들이 제 힘으로는 움직일 수 없기 때문임을 깨닫지 못한다.

거대한 인간 사회라는 체스판에서 각각의 말들은 각자의 운동 법칙에 따라 움직이며, 그 법칙은 입법자들이 강요하는 것과 같을 수도 있고 그렇지 않을 수도 있다.

만약 그 두 가지 원칙이 서로 같은 방향으로 조화를 이룬다면, 인간 사회는 순탄하게 성공적으로 흘러갈 것이고, 거기에 속한 인간들은 행복해질 수 있을 것이다. 그러나 두 개의 원칙이 서로 충돌한다면 게임은 비참해지고, 인간 사회는 극도의 무질서에 시달리게 될 것이다."

위에서 말한 것과 같이 나는 사회를 마치 집을 짓듯이 설계하여 만들 수 있다는 생각 그 자체에 반대합니다.

훗날 영국의 도덕 철학자이자 사회학자인 애덤 퍼거슨도 "사회적 현상이 이루어지는 것은 인간 행동의 결과이지, 인간이 디자인한 결과가 아니다."라고 말했더군요.

그러면 세상은 인간이 설계한 대로 돌아가지 않는다는 사실을 증명하는 좋은 예를 들어 보겠습니다.

1919년 미국에서는 금주법이 통과되었습니다. 이 법은 술의 제조, 판매, 수송과 수출입을 전면 금지시킨 법으로, '술 없는 세상을 인위적으로 만들 수 있다.'는 발상에서 비롯된 것이었지요. 체스판을 자기 의도대로 만들어 나갈 수 있는 것처럼, 인간 세상도 과연 술 없는 유토피아로 바꿀 수 있었을까요? 현실에 나타난 결과는 정반대였지요.

금주령을 비웃듯 대도시에서는 무허가 술집들이 독버섯처럼 번져 갔어요. 뉴욕에서 금주법 이전에는 약 1만 5,000개의 술집이 합법

적으로 영업을 하였으나, 금주법 이후에는 약 3만 2,000개가 넘는 불법적인 지하 술집이 생겨났다는 통계가 있을 정도였지요. 또 3만km가 넘는 국경과 해안 지역을 통해 불법적으로 술이 밀수되었습니다.

금주법으로 가장 횡재한 사람은 조직 폭력 조직인 마피아의 대부 알 카포네였습니다. 마피아는 밀주 제조와 밀매, 밀수를 통해 미국의 밤을 지배했습니다. 마피아가 확고한 뿌리를 내렸던 시기가 바로 이때였지요.

◆ 애덤 스미스가 들려주는 시장 경제 이야기

예상치 못했던 또 다른 현상은 술에 계급적 성격이 부여되기 시작했다는 점입니다. 법망을 피해 가며 몰래 마실 수밖에 없는 술의 가격이 천정부지로 뛰는 것은 당연한 현상이었지요. 점차 음주는 특권층과 부유층의 상징이 되었으며 가난한 사람들은 술을 마실 엄두조차 낼 수 없었어요. 하는 수 없이 지하실에 증류기를 설치하고 밀주를 담아 먹는 서민 가정이 늘었습니다. 이렇게 대충 만들어 마시는 밀주의 품질이 좋지 않으니, 밀주를 마시는 많은 사람들의 건강이 급격히 나빠졌지요. 금주법은 이상적인 천사가 되고자 했으나 현실에서는 악마가 된 것입니다. 그것은 인간의 행동을 체스판의 말처럼 마음대로 조종할 수 있다는 참으로 건방진 생각 때문이었습니다.

다수결 원칙의 함정

계획 경제 체제의 정치적 합의 과정이라는 것 또한 문제가 많습니다. 가장 대표적인 정치 합의 방법은 아마 여러분도 잘 알고 있는 '다수결의 원칙'일 것입니다. 하지만 다수결의 원칙은 매우 불안정하고 때로는 위험한 원칙일 수도 있습니다.

한 가지 예를 들어 보겠습니다. 여기 15명이 3,000만 원을 다수결 절차에 따라 나누어 가지려고 한다고 가정해 보죠.

우선 가장 먼저 생각할 수 있는 분배 방식을 다음과 같이 15명이 3,000만 원을 똑같이 나누어 200만 원씩 가지는 것입니다.

1) 30,000,000원 ÷ 15명 = 2,000,000원

그러나 이 방법은 정치적으로 안정적인 해결 방안이 될 수 없습니다. 왜냐하면 15명 중에서 몇몇 사람이 짜고 다수결의 원칙을 이용하여 자신들의 이익을 도모할 수 있기 때문입니다.

15명 중에서 8명이 담합하여 3,000만 원을 몽땅 자기들끼리만 나누어 갖는 배분 방식을 생각할 수 있습니다. 이 방식대로 나누면 담합에 가담한 8명은 각각 375만 원씩 챙길 수 있지만, 나머지 소외된 7명은 한 푼도 받지 못하는 불평등이 발생할 수 있습니다. 하지만 담합에 가담한 사람들이 염치도 없이 이 방식에 모두 찬성하면 8 : 7이 되어 다수결 원칙에 따라 이 방식이 통과될 수도 있습니다.

2) • 담합에 참여한 8명 각각의 몫 :

30,000,000원 ÷ 8명 = 3,750,000원

• 담합에 참여하지 못한 7명 : 0원

그러나 이 방식도 결코 안정적인 것은 아닙니다. 왜냐하면 이번에는 소외된 7명이 한 편이 되어, 담합에 가담했던 8명 가운데 1명을 꾀어내어 자기편으로 만들면 다수파를 형성할 수 있기 때문입니다.

담합에 가입했던 한 사람을 꾀어내어 그 사람에게 900만 원을 주고 나머지 2,100만 원을 7명이 각각 300만 원씩 나누어 가지는 방식을 통과시킬 수 있습니다.

3) 소수파가 담합에 가입했던 다수파의 한 사람을 꾀어내어

3,000만 원 중 900만 원을 주기로 하면,

- 다수파 8명 가운데 소수파의 꾐에 넘어간 1명의 몫 :

  9,000,000원

- 소수파였으나 다수파가 된 7명 각각의 몫 :

  (30,000,000-9,000,000) ÷ 7명 = 3,000,000원

첫 번째 담합을 배신하고 새로운 담합에 가담하면 자신의 몫을 375만 원에서 900만 원으로 늘릴 수 있으니 첫 번째 담합에 가담했던 8명 모두는 소수파의 제안에 유혹을 느낄 것입니다.

또한 첫 번째 담합에서 소외되어 한 푼도 받지 못했던 사람들은 새로운 담합을 통해 300만 원을 얻을 수 있으니 당연히 유리하고요. 그러니 새로운 담합에 의한 새로운 분배 방식이 통과될 수 있습니다.

이처럼 다수결의 원칙 하에서도 수없이 많은 방법이 가능하기 때문에 안정적인 값이 존재하는 것은 아닙니다. 우리가 합리적인 합의 방안이라고 생각하는 다수결의 원리도 정치적으로는 그렇지 않음을 알 수 있죠.

정치적 합의라는 계획 경제 체제의 특징은 다음 수업에서 설명하게 될 시장 경제 체제와는 대비됩니다. 왜냐하면 시장 경제 체제에서 자원 배분은 개인들의 자율적 거래를 통해 이루어지기 때문이지요.

그리하여 생산 수단을 사회가 공동으로 가지는 사회주의 국가에서는 계획 경제 체제를, 생산 수단을 개인들이 자유롭게 소유하는 자본주의 국가에서는 시장 경제 체제를 흔히 채택하고 있습니다. 이

는 매우 자연스러운 현상이지요.

당연히 계획 경제 체제에서는 사회적 합의를 실제로 이행할 정부의 역할이 중요합니다. 따라서 설명할 필요도 없이 중앙 집권적이고, 자원의 배분은 권력을 가진 사람들의 정치적 목표 달성을 위한 인위적인 자원 배분 방식에 의존하지요.

시장 경제는 이와는 대조적으로 자율적 경제 체제입니다. 모두들 자신이 가지고 있는 자원을 알아서 사용하고, 시장을 통해 원하는 것을 스스로 구하는 경제 체제입니다. 따라서 시장 경제 체제를 택한 자본주의 국가에서는 자원 배분에 대해서 여러 사람이 권한과 책임을 질 뿐만 아니라 정치적 목표도 없습니다.

그렇다고 계획 경제 체제에서 시장이 완전히 무시되거나, 시장 경제에서 정부의 역할이 완전히 무시되는 것은 아닙니다. 두 경제 체제의 차이는 시장 기구와 정부 사이의 적절한 역할 분담, 좀 더 구체적으로 말해서, '개인의 자유로운 경제 활동이 어느 정도 허용되어야 할 것인가', 그리고 '정부의 정치적 권위가 어느 정도까지 경제 활동 분야에 개입할 것인가'에 대한 차이가 있을 뿐입니다.

시장 경제 체제

시장 경제에서는 자신이 필요한 자원을 시장을 통해 구합니다. 이때 타인의 이익을 배려할 필요는 없어요. 그저 자신의 이익을 좇아 자신에게 유리한 대로 하면 되지요.

다시 말해 '시장 경제 체제'란 가계, 기업, 정부 등 모든 경제 주체들이 시장에서 자유롭게 경제 행위를 하는 것을 말합니다. 경제 주체들은 자율적으로 소비 혹은 생산 활동을 하는데, 자원은 수요와 공급의 상호 작용에 의해 형성되는 시장 가격의 신호에 따라 분배되지요.

그런데 여기서 의문이 하나 생깁니다. 사람들끼리 협조도 안 되고, 그렇다고 반드시 복종해야 할 명령도 없는 상태에서 각자가 자신의 이익만 좇으면 그만인 시장 경제 체제가 어떻게 질서를 유지할 수 있을까요?

하지만 이 문제는 걱정하지 않아도 됩니다. 시장 경제 체제는 명령으로 질서가 유지되는 계획 경제 체제보다 훨씬 질서 정연할 뿐만 아니라, 상대방을 아껴 주는 이타심으로 가득한 세상보다 훨씬 평화롭게 잘살 수 있습니다.

이기적인 인간들이 타인에 대한 배려 없이 그저 이기적으로 행동하면 아귀다툼이 끊이지 않을 것 같은데 질서 정연할 뿐만 아니라 평화롭기까지 하다니 도무지 이해가 되지 않지요?

게다가 시장 경제 체제는 개인의 이익뿐만 아니라 공공의 이익까지도 극대화시키는 훌륭한 장치입니다. 공익(公益)을 앞세우는 비영리 단체도 공익 달성이 어려운데, 사익(私益) 추구를 기본으로 하는 시장 경제 체제가 사익뿐만 아니라 공익도 극대화시킬 수 있다니 더욱 믿기 어려울 거예요.

그 비밀의 열쇠가 바로 '보이지 않는 손'입니다. 여러분은 계속되는 강의를 통해 시장 경제 체제가 '보이지 않는 손'에 의해 어떻게 질서를 유지하면서, 개인의 사익뿐만 아니라 우리 모두의 공익도 극대화시키고, 나라를 부강하게 만드는지를 이해하게 될 것입니다. 그러니까 앞으로 전개되는 모든 내용은 시장 경제 체제 이야기라고 해도 과언이 아니지요.

중국의 고민 : 사회주의와 시장 경제

공산주의 국가인 중국이 자본주의 경제 체제를 받아들이기 시작한 것은 30여 년밖에 되지 않은 최근의 일입니다. 중국의 자본주의 도입은 사회주의라는 중국의 기존 이념과 상충되는 부분도 있어요. 중국 사회에서 기존의 사회주의와 자본주의의 사상적 상충 관계를 이해하기 위해서는 중국의 현대 사회를 이끈 마오쩌둥(毛澤東)과 덩샤오핑(鄧小平)을 이해해야 합니다.

마오쩌둥과 덩샤오핑은 함께 힘을 모아 1949년 10월 중화인민공화국을 세웠습니다. 그 이후에도 둘은 사회주의 이념을 기반으로 한 새로운 국가를 만들기 위해 노력합니다. 그러나 1960년대 이후부터 둘은 사회주의를 어떻게 실현할지에 대해 의견이 나뉘게 됩니다. 마오쩌둥이 생산 관계에서 나타나는 자본가와 노동자 사이의 모순을 먼저 해결해야 한다고 생각했던 것과는 달리, 덩샤오핑은 그것보다 생산력을 발전시키는 것이 급선무라고 여겼지요. 마오쩌둥은 개인이 재산을 소유하게 되면서 재산의 차이가 발생하고, 그 때문에 자본가와 노동자라는 계급으로 분화되는 문제를 해결하지 않는다면, 누구나 평등하게 인정받고 살아갈 수 있는 이상적인 사회주의 사회는 불가능하다고 생각했어요. 그러나 덩샤오핑은 아무것도 나누어 줄 것이 없어 모두가 굶주리는 것보다 개인의 소유를 인정하고 생산력을 증대하는 것이 평등하게 나누는 것보다 먼저 이루어져야 한다고 본 것이죠. 나누어 주는 것은 생산력이 증대된 이후에 하는 것이 모두에게 더 좋다는 것입니다.

역사적으로 볼 때, 마오쩌둥의 사상은 문화 혁명을 통해 드러났으며, 덩샤오핑의 사상은 1980년대 이후 추진된 '중국식 사회주의' 정책을 통해 드러났지요. 이후의 장쩌민(江澤民)이나 후진타오(胡錦濤) 등의 중국 최고 지도자들은 두 사상가의 가르침에 기반을 두고 중국 사회를 이끌어 왔지요.

그러나 끊임없는 중국 정부의 노력에도 불구하고, 각종 문제는 쉽게 해결되지 않고 있습니다. 그것은 사회주의를 표방하고 있는 중국 역시 서구의 자본주의 선진국들에 의해 주도되는 글로벌 경제 시스템과 무관하지 않기 때문이지요. 나아가 문제의 핵심은 시장 자유주의라는 국제 무역 시스템을 받아들이면서 중국이 어떻게 사회주의라는 사상을 동시에 이끌어 나갈 것인지에 있습니다.

왜 경제력이 역전되었을까?

우리 민족이 남북으로 갈라져 거의 소통 없이 살아온 지 어느덧 60여 년이 지났습니다. 남과 북의 경제 비교는 경제학의 훌륭한 연구 주제입니다. 왜냐하면 두 국가는 같은 민족으로 동일한 문화적 배경을 갖고 시작했으나, 60여 년이 지난 현재 두 국가의 경제 사정이 극명한 차이를 드러내고 있기 때문입니다.

남한이 세계 최빈국에서 이제 선진국의 반열에 오를 정도로 눈부신 경제 발전을 이룬 반면, 북한은 아직도 극도의 빈곤 상태에서 벗어나지 못하고 있지요.

여기서 두 경제의 격차가 얼마나 되는지 몇몇 경제 지표를 비교해 보겠습니다. 2009년 기준으로 남한의 명목 국민 총소득은 1,068조 원으로 28조 원인 북한의 37배 이상이었고, 1인당 국민 소득도 남한이 2,192만 원으로 122만 원인 북한의 18배에 달합니다. 무역 규모를 비교해 보면 남한과 북한의 경제 격차가 더욱 극명해집니다. 남한의 무역 총액은 6,800억 달러인 반면 북한은 34억 달러에 그쳐, 남북간 무역 총액의 격차는 무려 200배가 넘을 정도여서 비교 자체가 무의미합니다.

사실 북한은 1960년대까지는 남한에 비해 우세한 경제력을 갖고 있었습니다. 1960년 북한의 1인당 국민 소득은 137달러로서 남한 국민 소득 94달러의 1.5배에 달했습니다. 당시 남북한 경제력의 차이를 주요 부문별로 좀 더 자세히 살펴보면 다음과 같습니다.

북한의 전력 생산량은 남한의 5배, 석탄은 2배, 시멘트는 5배, 어획량 2배, 목재 25배, 철광석 7배, 선철(銑鐵)은 60배였습니다. 또한 북한의 조강(粗鋼) 생산 능력은 56.1만 톤인 데 비해 남한은 전혀 없을 정도로 열악했습니다.

이렇게 현격한 차이가 나던 경제력이 180도 뒤바뀐 원인은 무엇일까요? 정확한 원인을 밝히는 것은 학문적으로 논란의 대상이 되는 매우 어려운 일입니다만, 한 가지 분명한 것은 남한은 자본주의 시장 경제 체제를 선택한 반면, 북한은 사회주의 계획 경제 체제를 선택했다는 사실입니다. 경제 체제의 차이가 유일한 원인은 아니겠지만, 중요한 원인 중에 하나가 될 수도 있겠지요.

똑같이 나눠 먹어!

옛~썰~

명령에 죽고 명령에 사는 명령 경제 체제가 최고야!

무솔리니

아니야. 그건 파시즘이야! 중앙 정부의 철저한 계획에 따라 재화의 생산, 분배, 소비가 통제되는

마오쩌둥

계획 경제 체제야말로 이상적 경제 체제지!

천만에! 그건 환상일 뿐!

뭐라고!!

시장 주체들의 '자율성'을 인정하는 시장 경제 체제가 최고라고!

자율성 좋아하네. 이기적인 인간들의 욕심 때문에 세상은 아비규환이 될 거야!

맞다해!

그건 염려 마셔. '보이지 않는 손'이 있으니까!

움직여라, 시장 경제!
시장 경제 작동 원리 1

언뜻 보면 시장 경제는 굉장히 무질서하게 보입니다. 익명의 다수가 생산, 분배, 소비 역할로 뒤섞여 있으니 말이죠. 그러나 시장 경제에는 분명히 어떤 질서가 있습니다. 그것은 명령이나 계획 경제처럼 타율적인 질서가 아니라 자율적인 질서입니다.

수능과 유명 대학교의 논술 연계

2011학년도 대학수학능력시험 경제 4번

'뭉치면 살고 흩어지면 죽는다.'라는 말을 들어 보셨나요? 각자가 자신의 이익만 좇는다면 모두가 망하지만 자신을 조금씩 희생해 가며 공동의 이익을 추구하면 함께 잘살 수 있다는 뜻이지요.

　그러면 우리 모두가 다른 사람은 어떻게 되든 말든 상관하지 않고 자신의 이익만을 추구한다면 어떻게 될까요? 마치 사거리에서 고장 난 신호등 때문에 차들이 뒤엉켜 버린 것처럼 혼란스러워지지 않을까요?

　다시 말해 이기심이 통제되지 않는다면, 싸움이 끊이지 않고 서로 으르렁거리는 삭막한 사회가 될 것 같다는 우려가 생깁니다. 만일 그렇게 될 수밖에 없다면 사거리에서 뒤엉켜 있는 차들을 정돈할 교통경찰관이 필요하듯 우리들 각자의 이기심을 강제로라도 억누를 무엇인가가 필요하겠지요. 그것이 사람일 수도 있고, 때로는 신이 될 수도 있을 것입니다.

하지만 우리 모두가 자신만의 이익을 추구하는 이기심에 몰두하더라도 세상은 혼란스럽지 않을 수도 있습니다. 오히려 박애심에 기초한 세상보다 훨씬 질서 정연하고 화합이 잘되어, 더 잘살 수도 있답니다.

이상하게 들리시나요? 나보다 남을 먼저 배려하고 타인의 이익을 위해 자신을 기꺼이 희생하는 박애심 가득한 세상이 화합도 잘되고 살기도 좋지, 어떻게 이기심에 기초한 세상이 화합하고 돕는 세상이 되는지 묻고 싶으신가요?

바로 이 비밀을 푸는 열쇠가 '보이지 않는 손'입니다.

시장에서는 수많은 사람들이 우르르 몰려와 제각기 자신의 이익을 위해 흥정도 하고 거래도 한 후 다시 뿔뿔이 흩어집니다. 이렇듯 시장은 언뜻 보면 무질서할 것 같지만, 그 안에는 엄연한 질서가 있습니다. 그러나 그 질서는 누구의 강요에 의해 지켜지는 것이 아닙니다. 매일매일 제각기 몰려왔다가 볼 일이 끝나면 떠나는 사람들이 자발적으로 그 질서를 유지하고 있는 것입니다. 물론 그들은 자신들에 의해 질서가 유지되는지도 모를 뿐 아니라 관심도 없습니다. 그런데도 어떻게 시장의 질서가 자율적으로 유지될 수 있을까요?

거래가 성립되면 거래 당사자 모두의 이익이 증진됩니다. 왜냐하면 거래는 거래 당사자 중 누구라도 손해를 보면 이루어지지 않기 때문입니다. 1만 명이 시장에서 거래했다면 1만 명 모두의 이익이 증진되었고, 100만 명이 거래했으면 100만 명의 이익이 증진됩니다. 따라서 시장에서 거래가 끝나면 모든 사람이 만족스러워하는 것입니다.

시장은 언뜻 보면 무질서해 보이지만 수요와 공급에 의해 자율적으로 균형과 질서가 유지됩니다. 마치 보이지는 않지만 균형과 질서를 유지시켜 주는 손이 있는 것처럼 말입니다.

자, 이제부터 수요와 공급은 무엇이고, 이들이 어떻게 시장을 균형으로 이끄는지를 살펴보도록 하지요.

수요란 돈을 쓰려는 계획

어떤 상품에 대한 수요는 이런저런 조건이 주어질 때 소비자가 그 상품을 얼마만큼 구입할 계획을 가지고 있는가를 나타내는 것입니다.

예를 들어, 철수는 '조건이 이렇게 저렇게 되었을 때' 일주일에 콜라 3캔을 구입할 계획이 있다면 이런저런 조건이 주어져 있을 때 일주일 동안의 콜라에 대한 철수의 수요는 3캔인 것이지요.

그러나 단순히 구입할 의사만으로는 수요가 되지 않습니다. 수요는 구입할 수 있는 능력이 전제되어야 합니다. 단순히 가지고 싶은 마음만 있을 때 그것을 수요라고 하지는 않아요. 돈 한 푼 없는 사람이 '올여름에 유럽 여행을 가고 싶어.'라고 말할 때, 그것은 수요가 될 수 없습니다. 하지만 유럽 여행을 갈 수 있는 돈이 마련된 사람이 미국이 아닌 유럽 여행을 가려고 계획한다면 그것은 유럽 여행에 대한 수요가 되겠지요.

그렇다면 수요를 결정하는 조건에는 어떤 것들이 있을까요?

수요에 영향을 줄 수 있는 사항이면 어떤 것이든 '이런저런 조건'에 포함됩니다. 당연히 한두 개가 아니지요. 하나하나 열거할 수 없을 정도로 많지만, 그중에 대표적 요인을 한번 생각해 볼까요? 답은 여러분 마음속에 이미 있습니다. 여러분 마음속을 잘 들여다보세요.

가격이 수요의 법칙을 만든다

제일 먼저 가격을 꼽을 수 있습니다. 사람들은 가격이 비싸지면 적게, 싸지면 많이 구입하는 경향이 있습니다. 이러한 현상을 '수요의 법칙'이라 부르지요.

그러나 현실 세계에서는 수요의 법칙에 어긋나 보이는 현상을 자주 발견하게 됩니다. 예를 들어, 온 천지가 꽁꽁 얼어붙은 혹한이 계속될 때에는 콜라 가격을 대폭 인하해도 오히려 수요가 줄어듭니다. 수요의 법칙대로라면 가격이 인하되었으니 수요가 늘어나야 할 텐데 늘기는커녕 줄어들었으니 분명히 수요의 법칙에 위배된 것처럼 보이지요? 그러나 수요의 법칙을 좀 더 살펴보면, 가격 인하에도 불구하고 겨울철 콜라 수요가 줄어드는 현상 또한 여전히 수요의 법칙 안에 있음을 알 수 있지요.

수요의 법칙에는 전제 조건이 있어요. 바로 가격 이외에는 수요에 영향을 미치는 모든 조건이 변하지 않는다는 가정이에요. 다시 말해 수요의 법칙은 가격 이외의 변수를 고정시킨 채 오로지 가격이 변할 때 수요량의 움직임을 나타내는 법칙입니다.

앞의 예에서 콜라의 수요에 영향을 줄 수 있는 날씨라는 요인이

변했기 때문에 가격을 인하해도 수요가 늘어나지 않는 것이지요. 가격 인하로 인한 수요 증가 효과보다 혹한에 의한 수요 감소 효과가 훨씬 컸던 것이죠. 만일 가격 인하가 없었다면 수요는 더욱 큰 폭으로 줄었을 테지만요.

냉차는 열등재

가격 이외에 수요에 영향을 미치는 요인에는 소득도 있어요. 물건이 아무리 싸도 구매할 수 있는 소득이 부족하다면 그 물건은 '그림의 떡'일 뿐이지요. 반면 소득이 증가하면 구매력도 함께 커져 일반적으로 수요가 증가하지요. 물론 소득이 증가하면 오히려 수요가 줄어드는 예외적인 상품도 있습니다.

가령 여러분의 부모님이 어렸을 때 마시던 냉차는 옛 추억을 더듬기 위해 가끔 마시는 것을 제외하고는 소득이 증가해도 마시지 않습니다. 소득이 증가하면 오렌지 주스, 토마토 주스와 같은 생과일 주스를 마시지 인공색소로 주스 흉내만 낸 냉차를 마실 사람은 없기 때문이지요.

냉차와 같이 소득이 증가하면 오히려 수요가 감소하는 상품을 '열등재'라 하고, 생과일 주스처럼 소득 증가에 따라 수요가 증가하는 상품을 '우등재'라 한답니다. 상품의 대부분은 소득이 늘어날 때 수요도 함께 늘어나는 우등재인데, 예를 들면 일반적인 상품, 재화혹은 서비스 등을 생각하면 되지요.

콜라, 사이다, 햄버거

어떤 재화에 대한 수요는 그 재화와 관련 있는 다른 재화나 서비스의 가격에 의해 영향을 받습니다.

예를 들면, 콜라의 수요는 사이다의 가격과 관련이 있어요. 사이다의 가격이 인하되면 콜라의 수요는 줄어들어요. 왜냐하면 콜라를 구매하려던 수요가 사이다로 옮겨 가기 때문이지요.

반면 다른 제품이 가격을 인하할 때 콜라의 수요가 증가하는 경우도 있어요. 가령 햄버거 가격을 인하하면 콜라의 수요는 증가합니다. 왜냐고요? 햄버거를 맹물과 함께 드셔 보세요. 생각만 해도 끔찍하죠? 아마 햄버거의 느끼한 맛에 한 개는 고사하고 반 개도 먹기 힘들 거예요. 햄버거는 콜라와 같이 먹어야 제맛이죠! 이렇듯 햄버거와 콜라는 함께 소비되는 경향이 있어요. 그래서 햄버거 가격이 낮아지면 햄버거에 대한 수요가 증가하고, 그로 인해 덩달아 콜라에 대한 수요도 증가하게 되는 것이죠.

이렇게 사이다와 콜라처럼 '이것 아니면 저것'이라는 식으로 선택되는 재화를 '대체재'라고 하고, 햄버거와 콜라처럼 '이것과 저것이 함께'라는 식으로 선택되는 재화를 '보완재'라고 부릅니다. 이처럼 다른 재화의 가격도 수요에 영향을 미치는 요인이 될 수 있지요.

지금까지 말씀드린 것들 이외에도 일일이 나열할 수 없을 정도로 많은 요인들이 수요에 영향을 미친답니다. 가령 소비자의 취향이라는 요인도 무시할 수 없어요. 혹시 주변에 복숭아 알레르기가 있는 친구가 있나요? 복숭아 알레르기가 있는 친구들은 아무리 주머니

[그림 1] 대체재와 보완재

사정이 좋고, 가격이 싸도 복숭아를 사 먹지 않는답니다.

수요 곡선 그리기

이렇게 수없이 많은 결정 요인들과 수요량과의 관계를 한꺼번에 분석하기는 어렵겠지요.

예를 들어 수요량과 가격, 소득 그리고 다른 재화의 가격 간의 관계를 한꺼번에 그래프를 이용하여 분석할 수 있을까요? 안타깝게도 이것은 불가능합니다.

그래프로 분석하려면 수요량, 가격, 소득 그리고 다른 재화의 가격을 나타내는 4개의 축이 필요해요. 4개의 축으로 구성된 공간, 즉 4차원 공간을 표현해야 하는데 우리가 생활하는 공간 자체가 3차원 공간이니 표현이 불가능하지요.

사실 3차원의 입체적 공간도 표현하기는 쉽지 않아요. 저처럼 그림 그리는 재주가 부족한 사람에게는 특히 난감한 일이지요.

그러나 여기에도 해결 방안은 있지요. 바로 '만약 ~라면'이라고

'가정'을 두는 거예요. 수요량에 영향을 미치는 경제 변수를 두 개로 줄이는 겁니다. 가령 수요량과 가격으로 관심의 대상을 줄이는 것이지요. 그럼 나머지 결정 요인들은 어떻게 하냐고요? 저라고 별수 있겠습니까? 과감하게 가정해야지요. 나머지 결정 요인들은 변하지 않고 그대로 있다고 가정하는 겁니다. 이렇게 관심 대상 요인을 제외한 나머지 요인들이 고정되어 있다고 가정하는 것을 경제학에서 세테리스 파리부스(ceteris paribus)라고 부릅니다. 영어로 'other things being equal'이라는 뜻이지요.

우리가 가격과 수요량 간의 관계를 분석할 때는 다른 요인들은 모두 그대로 있다고 가정하는 겁니다. 변하지 않으면 영향도 미치지 않겠지요. 이렇게 가정해 놓으면, 변할 수 있는 것은 오직 가격과 수요량입니다.

이제 우리에게 필요한 축은 가격을 나타내는 축 하나, 그리고 수요량을 나타내는 축 하나만이 있을 뿐입니다. 자, 두 개의 축을 그려 보세요. 수직 축에 가격을 표시하고, 수평 축에 수요량을 표시해 봅시다. 그러면 가격과 수량을 나타낼 수 있는 평면 하나가 만들어지지요. 이제 그 위에 가격과 수요량 간의 관계를 나타내 보면 어떻게 될까요? 가격이 높으면 수요량은 적게, 또 가격이 낮으면 수요량은 많게 그려야 하니까 오른쪽으로 내려가는 선으로 표현할 수 있겠네요. 바로 이것이 수요 곡선입니다.

교과서에는

구입 능력을 갖춘 소비자들이 일정 기간 동안 재화와 서비스를 구입하고자 하는 양을 수요량이라고 합니다. 그리고 다양한 가격과 이에 대응하는 수요량과의 관계를 도표로 나타낸 것이 수요 곡선이지요.

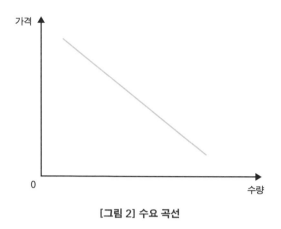

[그림 2] 수요 곡선

　여기서 꼭 기억해야 할 점은 수요 곡선은 소비자들의 의도를 모아 놓은 것이지, 결코 실제로 소비된다는 뜻이 아니라는 사실입니다.

　예를 들어, 콜라 가격이 500원이면 일주일에 5캔을 마시고 싶다는 계획이지, 실제로 가격이 500원이어서 일주일에 5캔을 마셨다는 뜻이 아닙니다. 수요 곡선은 단순히 가격이 500원이면 5캔, 1,000원이면 3캔, 2,000원이면 1캔을 마실 의향이 있다는 계획입니다.

　소비자가 수요 곡선에 나타난 대로 실제 소비하려면 실제로 그 가격에 공급이 되어야 하는데요. 해당 가격에서 공급을 결정하는 것은 소비자가 아니라 생산자입니다. 그러나 생산자가 실제로 그 가격에 생산할지 안 할지는 알 수 없지요.

　소비자가 이기적으로 행동하는 것처럼 생산자도 자신들에게 가장 유리한 방향으로 행동할 뿐입니다. 그러니 소비자들의 의도대로 생산자가 충분히 공급해 줄지는 의문이죠.

자, 그렇다면 이번에는 생산자들이 가격 변화에 대해 공급량을 어떻게 조정하는지 살펴보도록 하지요.

공급이란 생산량에 대한 계획

수요가 소비자들의 구매 의사를 나타내는 계획인 것처럼 공급은 생산자들의 판매 의사를 나타내는 계획입니다. 이런저런 여건이 주어지면 생산자가 얼마만큼 생산하여 판매할 의사가 있는가를 나타내는 계획이 공급이지요.

예를 들어 '조건이 이렇게 저렇게 되면' 현대 자동차가 1년에 승용차 200만 대를 생산하여 판매할 의사가 있다고 했을 때 이것이 현대 자동차의 공급량인 것입니다.

그러면 생산 혹은 판매에 영향을 미치는 조건에는 무엇이 있을까요? 이것을 알아내기 위해서는 생산을 담당하는 주체, 즉 기업의 생산 활동을 이해해야 합니다.

여기서 말하는 기업은 대기업처럼 거창한 기업만을 말하는 것이 아니라 학교 앞 떡볶이가게, 문방구 등과 같은 소규모 기업까지 모두 포함하는 개념이지요.

기업은 왜 존재할까요? 너무 쉬운 질문인가요? 기업은 당연히 돈을 벌기 위해서 존재합니다.

미국의 기업 문화

'이윤의 극대화'라는 원리에 가장 잘 어울리는 기업 문화를 가진 대표적인 나라로 미국을 들어도 크게 틀리지 않을 겁니다. 미국은 자유주의 이념과 시장 경제 제도가 세계에서 가장 발달한 나라라고 할 수 있지요. 그만큼 시장에서의 경쟁이 어느 나라보다도 치열합니다. 당연히 철저한 실적 위주의 시스템으로 적절한 이윤을 내지 못하면 어떤 기업도 살아남을 수 없지요. 이윤을 갉아먹는 불필요한 비용, 비효율적인 생산 방식 등은 다른 나라 기업에서도 살아남을 수 없지만, 특히 미국 기업에서는 결코 계속될 수 없는 구조조정의 대상이 됩니다. 구조조정 대상에는 예외가 없지요. CEO(Chief Executive Officer : 기업의 최고 경영자)든 간부든 노동자든 모두 구조조정의 대상이 됩니다.

'이윤의 지속적인 창출.'

이 말은 모든 미국 기업들의 신조일 것입니다. 단순한 문구이지만 이 문구를 지키지 못한다면 당장 자리에서 물러나야 할 정도로 미국 기업의 구조조정은 늘 진행됩니다. 예전에는 오랜 시간 많은 이윤을 내왔다 할지라도, 현 시점에서 이윤을 내지 못한다면 곧바로 사회의 집중 공격을 받게 됩니다.

이러한 미국의 기업 문화는 미국 기업의 경쟁력을 강화하는 데도 기여했어요. 하지만 부작용도 만만치 않았지요. 항상 구조조정을 앞에 두고 있는 미국 기업의 CEO들은 장기적인 기업 발전보다는 단기적인 수익에 목을 맬 수밖에 없어요. 주주들은 매 분기별 발표되는 순이익이 약간만 떨어져도 거세게 항의합니다. 실제로 많은 기업들의 CEO가 단기 실적 부진으로 주주들에 의해 경질된답니다. 이렇게 단기적 목표에 매달리다 보니 미국 기업들이 장기적으로 자신들의 경쟁력을 유지하지 못하고 결국 도산하는 경우가 발생합니다. 미국의 대표적 자동차 기업인 GM(General Motors)이 어려움을 겪고 있는 이유도 이런 점에서 찾을 수 있을 것입니다.

공기업이란 무엇인가?

물론 시장에는 사적 이익을 추구하는 기업만 있는 것은 아닙니다. 공공의 이익을 목표로 하는 공기업이나 사회봉사 차원에서 운영되는 일부 비영리 법인들도 있지요. 그렇지만 전체 경제 규모와 비교해 보면 그리 큰 비중을 차지하지는 않습니다.

여기서 공기업이란 국가가 주인인 기업입니다. 개인이 주인인 사기업과 대조되는 개념이지요. 기업이 기업의 주인, 즉 기업주의 이익을 추구하는 것은 당연합니다. 그런데 국가의 주인은 국민 전체이므로 공기업은 자신들의 주인인 국민 전체의 이익, 즉 공익을 추구하게 됩니다.

그러면 공기업은 주로 어떤 사업을 맡아 운영할까요? 공기업은 사익을 추구하는 사기업이 맡으면 공익이 위축될 위험이 높은 사업을 담당하게 됩니다.

예를 들어 고속도로, 수도, 전기 등이 여기에 속하지요. 몇 사람의 이익을 위해 고속도로 통행이나 수도, 전기 공급을 제한할 수는 없는 일이니까요. 이들 사업은 우리 모두에게 없어서는 안 될 공익성이 높은 것들이기 때문이지요. 물론 공익성이 높은 사업을 사기업이 하면 안 된다는 법은 없어요. 오히려 공기업이 운영할 때보다 사기업이 운영할 때 공익이 더 잘 보호되는 경우도 있지요.

또 비영리 법인이란 이익을 목표로 하지 않는 단체를 말합니다. 적십자사, 각종 종교 단체, 시민 단체 등이 여기에 속하는데, 이들은 그들이 이익을 위해서가 아니라 사회봉사 차원에서 여러 가지 서비스를 우리에게 제공하고 있지요.

석유 회사를 직접 운영해 보자!

자, 이제 여러분께 던졌던 질문, 즉 기업들이 이러저런 조건이 바뀔 때 어떻게 자신의 공급량을 조정해 나가는지를 살펴보도록 하겠습니다. 기업의 공급량에 영향을 미치는 가장 중요한 첫 번째 요인은 기업이 생산하는 상품의 가격입니다.

가격이 공급량에 어떻게 영향을 미치는가를 원유 공급을 가상의 예로 하여 살펴보겠습니다. 원유를 채굴할 수 있는 유정 3개를 보유하고 있는 가상의 석유 개발 회사를 가정해 보죠.

원유의 생산 비용은 원유가 매장되어 있는 깊이, 또 채굴 위치가 육지냐 혹은 해상이냐 등 다양한 생산 여건에 따라 크게 달라집니다. 여기서 설명을 쉽게 하기 위해 유정 3개의 생산 비용은 다음 표와 같이 각각 배럴당 30달러, 60달러, 90달러이고, 각각의 유정의 생산 능력은 하루 50만 배럴이라고 가정해 봅시다.

유정	생산 비용($/배럴)	생산 능력(만 배럴/일)
유정 A	30	50
유정 B	60	50
유정 C	90	50

원유가 시장에서 배럴당 20달러에 거래되고 있다고 가정하면, 이 석유 회사는 원유를 얼마나 생산하여 시장에 공급하게 될까요? 그렇게 어려운 문제가 아니지요. 이 석유 회사는 자신들이 소유하고 있는 3개 유정 모두를 닫아 버리고 생산을 하지 않을 것입니다. 왜냐하면 가장 생산 여건이 좋은 유정 A도 1배럴을 생산하기 위해서는 30달러가 필요한데, 이를 시장에 내다 팔면 20달러밖에 받을 수 없으니 팔면 팔수록 손해가 나기 때문이지요. 손해를 보며 생산할 기업은 어디에도 없습니다. 당연히 시장 가격이 30달러/배럴 이하에서는 원유 생산을 전혀 하지 않겠지요.

이제 원유가 시장에서 배럴당 50달러에 거래되고 있다고 가정을 바꿔 보겠습니다. 어떤 변화가 일어날까요? 네, 그렇습니다. 유정 A에서 생산을 시작하겠지요. 왜냐하면 유정 A에서 배럴당 30달러에 생산하여 시장에 50달러에 내다 팔 수 있으니 석유 회사로서는 배럴당 20달러씩 이익을 얻을 수 있기 때문입니다. 이윤을 추구하는 기업으로서는 이윤을 얻을 기회가 생겼는데 이를 그대로 흘려버리지 않는 것은 당연하지요. 사실 유정 A는 원유의 시장 가격이 배럴당 30달러 이상만 되면 생산을 계속할 것입니다. 다만 차이는 시장 가격이 높으면 기업의 이윤이 많아지고, 시장 가격이 낮아지면 이윤이 적어지는 차이만 있을 뿐입니다.

같은 논리로 원유의 시장 가격이 배럴당 70달러가 되었다면 원유 생산은 어떻게 될지 상상해 보세요. 그렇지요. 이제 유정 A 뿐만 아니라 유정 B도 생산을 시작할 겁니다. 왜냐하면 원유를 배럴당 70달러에 팔면 유정 B에서 생산된 원유에서도 원유 가격과 생산 비용의 차이인 배럴당 10달러의 이윤을 얻을 수 있기 때문입니다. 물론 유정 A는 생산을 계속하여 배럴당 40달러의 이윤을 얻게 되겠지요. 따라서 배럴당 70달러의 시장 가격 하에서는 이 석유 회사는 하루에 100만 배럴을 공급하게 됩니다.

원유의 시장 가격이 더욱 높아져 배럴당 100달러가 되면 유정 3개 모두에서 생산을 하게 될 것입니다. 배럴당 100달러만 받을 수 있다면 가장 생산 여건이 좋지 않아 생산비가 가장 비싼 유정 C의 경제성도 살아날 테니까요.

자, 지금까지 내용을 그래프로 나타내면 다음 [그림 3]과 같이 계단 모양을 얻게 됩니다. 원유의 시장 가격이 30달러 아래에서는 전혀 공급하지 않지만, 시장 가격이 30달러에서 60달러 사이에 있으면 유정 A에서 50만 배럴이 생산되어 공급될 것이고, 60달러에서 90달러 사이에 있으면 유정 A와 유정 B가 가동되어 100만 배럴이 공급될 것입니다. 또 시장 가격이 90달러를 넘어서면 유정 3개 모두에서 원유가 생산되어 하루 150만 배럴이 공급된다는 내용입니다.

여기서도 잊지 말아야 할 점은, 이 그래프가 각 가격 수준에 대응하는 기업의 희망 공급량이지 실제 공급량이 아니라는 점입니다. 원유 가격이 100달러이면 유정 3개를 모두 열어 생산량을 150만 배럴로 늘리고 싶다는 뜻이지, 실제로 늘어난 공급량이 모두 거래가 된다는 뜻은 절대 아닙니다. 공급하고 싶은 양이 실제 거래되기 위해서는 그만큼의 수요가 따라와야 가능하겠지요.

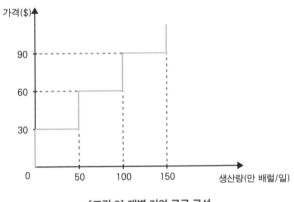

[그림 3] 개별 기업 공급 곡선

[그림 3]에서 계단이 형성되는 위치는 유정별 생산비와 일치되고 있는 점과 [그림 3]은 특정 기업의 공급 계획이라는 점을 주목해 보세요. 세상에는 수없이 많은 기업이 생산 활동을 하고 있습니다. 원유를 생산하는 유정도 수천 개에 달합니다. 따라서 각 유정의 생산 비용은 매우 다양하여 이를 크기 순서대로 나열하면 매우 촘촘히 분포될 것입니다. 그렇다면 특정 기업이 아닌 시장에 존재하는 모든

기업의 공급 계획을 그래프로 나타낸다면 어떤 모양이 될지 상상해 보세요. 그렇지요. 각 계단이 매우 촘촘하게 되어 거의 부드러운 곡선의 형태가 될 것입니다. 이것이 [그림 4]에서 나타내고 있는 시장 공급 곡선입니다.

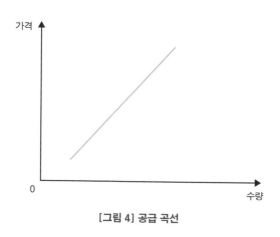

[그림 4] 공급 곡선

공급량은 가격이 오르면 증가하고, 가격이 내리면 감소한다는 것을 알 수 있겠지요. 다시 말해 가격과 공급량이 같은 방향으로 움직이는 경향이 있다는 거예요. 물론 가격 이외의 변수들은 변하지 않는다는 가정에서 그렇다는 말씀입니다. 즉, 가격이 올라도 생산 비용이 더 많이 오르면 생산량이 늘지 않고 오히려 줄 수도 있다는 말이지요.

다음은 가격 이외에 어떤 변수들이 공급량에 영향을 미치는지를 살펴보겠습니다.

공급에 영향을 주는 기타 요인

공급에 영향을 주는 요인으로는 가격 이외에도 기술 수준, 생산 요소의 가격 등이 있습니다. 기술 수준이 향상된다는 의미는 같은 생산 요소의 양으로 더 많은 생산을 할 수 있다는 뜻입니다. 당연히 기술이 향상되면 생산 비용이 감소하여 기업의 이윤이 개선됩니다. 그러므로 가격이 인상되면 공급량이 증가하는 원리와 마찬가지로 기술이 향상되면 공급량이 증가하게 됩니다.

그러나 생산 요소의 가격은 반대 효과를 갖습니다. 생산 요소의 가격이 오르면 당연히 생산 비용도 함께 오르게 되어 기업의 이윤이 떨어집니다. 따라서 지금까지의 논리를 적용하면 이번에는 공급량이 줄어들겠지요. 즉, 생산 요소의 가격과 공급량은 반대 방향으로 움직입니다.

교과서에는

공급 곡선은 수요 곡선과는 달리 우상향하는 모습을 띱니다. 이는 생산자가 가격이 오르면 공급량을 늘리고, 가격이 내리면 공급량을 줄인다는 것을 의미하지요.

이외에도 공급에 영향을 미치는 요인들은 여러 가지가 있어요. 이런 여러 요인들과 공급량을 한꺼번에 그림으로 표현하려면, 수요 곡선을 설명할 때 말씀드린 것처럼 여러 개의 축이 필요하기 때문에 불가능합니다. 그래서 수요 곡선과 마찬가지로 가격 이외의 변수들은 고정시켜 놓고, 가격 변동에 따른 공급량 변화를 나타낸 것이 공급 곡선입니다.

지금까지 수요와 공급이 어떻게 형성되는지 살펴보았어요. 다음 시간에는 수요와 공급이 어떻게 조화를 이루게 되는지를 살펴보겠습니다.

너무 비싸!

사장님이 미쳤어요. 폭탄세일!!

와글 와글

이렇게 복잡하고 시끄러운 시장 체제에 작동하는 원리가 대체…….

'수요'와 '공급'이지!

수요는 무엇에 영향을 받나요?

재화의 가격, 소비자의 소득 수준, 다른 재화의 가격 등에 따라 결정되지.

그럼, 공급은요?

그야 상품의 가격과 기타 기업의 기술 수준이나 생산 요소의 가격 등에 영향을 받지.

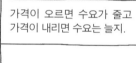

가격이 오르면 수요가 줄고 가격이 내리면 수요는 늘지.

웽~

웽~

₩ 3,000,000

신상

반대로 공급은 가격이 오르면 증가하고 가격이 내리면 감소한단다.

₩ 2,000,000

신상

생산 라인 가동중지!

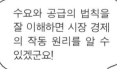

수요와 공급의 법칙을 잘 이해하면 시장 경제의 작동 원리를 알 수 있겠군요!

가격

수요

수량

그렇지. 똑똑한 친구로군!

보이지 않는 손의 마술
시장 경제 작동 원리 2

'보이지 않는 손'을 따르면, 남을 배려하는 마음 없이 나의 이익만을 추구할지라도 우리 모두를 만족시켜 준답니다.

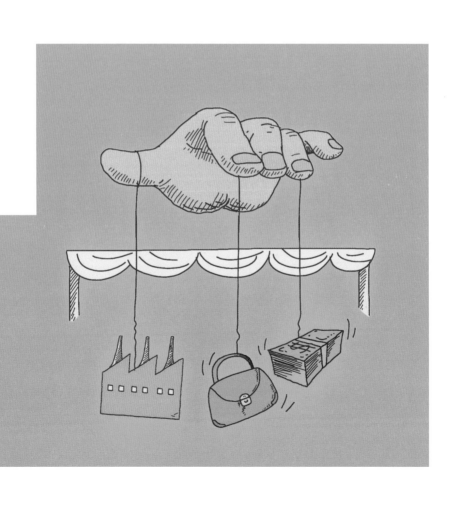

수능과 유명 대학교의 논술 연계

중앙대 2009학년도 수시 2-2 논술고사 – 인문계열 1

수요와 공급이 조화를 이룬다는 말은 수요와 공급이 일치되어 균형을 이룬다는 뜻입니다.

만약에 시장에서 형성된 가격이 지나치게 높을 경우에는 초과 공급이 발생하여 생산자들은 가격을 낮추어서라도 물건을 팔고자 하기 때문에 시장 가격은 하락하게 됩니다. 이처럼 수요와 공급이 일치되지 않는 불균형 상태가 되면 소비자든 생산자든 누군가는 불만스러운 상태에 있다는 뜻이 됩니다. 누구든 불만이 있으면 이를 해소하려고 하는데, 바로 이런 과정을 통해 시장은 다시 균형을 이루게 됩니다.

시장이 불균형을 이루면 왜 누군가는 불만스럽게 되고, 또 그 불만이 어떻게 해소되어 균형 상태로 돌아오는지 좀 더 자세히 살펴보겠습니다.

스마트폰을 둘러싼 수요, 공급 그리고 균형

[그림 5]는 스마트폰을 가상의 예로 수요와 공급을 나타내고 있습니다. [그림 5]에서 수요 곡선 상의 점 B는 스마트폰 가격이 30만 원이면 소비자들이 스마트폰 500만 대를 갖고 싶다는 의도를 나타내는 것이고, 공급 곡선 상의 점 A는 스마트폰 가격이 30만 원이면 스마트폰 생산 기업은 100만 대 정도를 공급하고 싶다는 의도를 나타내고 있습니다.

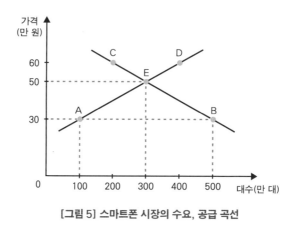

[그림 5] 스마트폰 시장의 수요, 공급 곡선

그러면 왜 가격이 30만 원일 때 소비자들은 500만 대를 갖고 싶을까요? 그것은 당연히 가격이 30만 원일 때 500만 대를 가지게 되면 소비자들의 만족도, 즉 효용이 가장 극대화되기 때문입니다.

마찬가지로 가격이 30만 원이면 스마트폰 생산 기업은 100만 대를 생산하여 공급할 때 자신의 이윤이 가장 극대화되기 때문이지요. 같은 논리로 가격이 60만 원이면 소비자들은 200만 대를 가질 때 가장 효용이 극대화되고, 생산자들은 400만 대를 공급할 때 가장 이윤이 극대화된다는 뜻입니다.

한마디로 수요 곡선은 소비자들의 효용이 극대화되는 점들의 모임이고, 공급 곡선은 생산자들의 이윤이 극대화되는 점들의 모임입니다. 소비자들은 수요 곡선 상에서 소비할 때 자신들의 효용이 극대화되고, 생산자들은 공급 곡선 상에서 생산할 때 이윤이 극대화됩니다. 뒤집어 말하면, 소비자들이 수요 곡선 상이 아닌 다른 곳에서 소비하면 효용 극대화에 실패하고, 생산자들은 공급 곡선이 아닌 다른 곳에서 생산하게 되면 이윤 극대화에 실패하게 되어 불만족스럽게 됩니다.

그러면 [그림 5]와 같은 수요 곡선과 공급 곡선이 있을 때, 소비자와 생산자 모두를 만족시키는 곳은 어디일까요? 당연히 점 E, 한 곳밖에 없습니다. E점은 수요 곡선 상의 점이기도 하고, 공급 곡선 상의 점이기 때문입니다. 따라서 점 E에서 거래가 이루어지면, 다시 말해 스마트폰이 50만 원 가격에 300만 대가 거래되면 소비자들은 효용 극대화에 성공하고, 생산자는 이윤 극대화에 성공할 수 있어 모두 만족하게 됩니다.

그런데 여기서 의문스러운 점이 하나 있습니다.

생산자와 소비자 모두를 만족시키는 가격 수준과 거래량이 어떤 점인지는 알겠는데, 그와 같은 수준의 가격과 거래량이 실제로 어떻게 이루어지느냐 하는 것입니다. 좀 더 쉽게 말해, 누가 가격을 50만 원에 정하고, 어떻게 300만 대가 거래되느냐의 문제입니다.

시장 경제에서 가격과 거래량은 인위적으로 정해지지 않고, 수요자와 공급자들 사이에서 자율적으로 정해집니다.

수요자와 공급자가 한자리에 모여 회의라도 열어 결정한다면 모를까, 어떻게 양측 모두가 만족하는 가격과 거래량이 자율적으로 정해지는 걸까요?

게다가 수요자, 공급자를 막론하고 상대측 의도는 물론 자신의 의도도 정확히 모르는 것이 현실입니다. 수요자는 공급 곡선도 모르지만, 수요 곡선조차도 어떻게 생겼는지 알지 못합니다. 이 점은 공급자도 마찬가지이지요.

좀 더 정확히 말하면, 수요자와 공급자들은 시장에서 가격만을 관찰할 수 있을 뿐이지, 상대방의 공급 곡선이나 수요 곡선을 알 길이 없습니다. 그저 시장에서 관찰된 가격을 신호로 소비자는 수요량을, 생산자는 공급량을 결정할 뿐입니다. 그런데 이렇게 결정되는 수요량과 공급량이 어떻게 일치되는지 쉽게 이해되지 않을 거예요.

여기서 시장은 '보이지 않는 손'에 이끌리는 것처럼 자율적으로 균형에 도달하게 되는 마술을 보입니다. 자, 이제부터 시장이 어떻게 '보이지 않는 손'에 의해 자율적으로 균형 상태에 이르는지를 살펴봅시다.

'보이지 않는 손'에 이끌려 도착하는 곳

균형이란 새로운 충격이 가해지지 않는 한, 더 이상 변하지 않으려는 상태를 말합니다. 그럼 시장의 균형이란 무엇일까요?

시장의 균형은 물리학의 균형과 유사합니다.

뜨거운 물이 들어 있는 큰 용기 안에 찬물이 들어 있는 작은 용기를 넣으면, 두 용기 사이에서 열 교환이 일어나겠지요. 열 교환은 현재 온도에서 다른 온도로 변해 가는 현상입니다. 열 교환이 진행되는 동안은 한 가지 상태가 유지되지 않겠지요. 이런 의미에서 열 교환이 진행되고 있는 상태는 불균형 상태입니다. 그러면 열 교환은 언제까지 계속될까요. 두 용기의 물의 온도가 같아질 때까지 계속될 겁니다.

일단 물의 온도가 같아지면, 교환은 중지되고 안정된 상태에 도달합니다. 다른 온도의 새로운 물이 추가되지 않는 한, 용기 내의 물 온도는 현 상태가 계속 유지됩니다. 즉, 균형에 도달한 것이지요.

시장 균형도 마찬가지입니다. 시장을 구성하고 있는 수요와 공급에 새로운 충격이 가해지지 않는 한 현재 상태가 계속 유지되는 상태가 시장 균형입니다.

시장은 무엇인가를 사고자 하는 수요와 무엇인가를 팔고자 하는 공급이 만나 거래가 이루어지는 추상적 공간입니다. 여기서 추상적 공간이라고 하는 이유는 남대문 시장, 동대문 시장처럼 눈에 보이는 공간뿐만 아니라 주식 시장이나 외환 시장처럼 눈에 보이지 않는 공

물이 균형을 이루려면 시장에서는 수요와 공급이 일치하는 점에서 이렇게 균형이 이루어진다는 말씀!

간도 사고파는 거래가 이루어지면 모두 시장이기 때문입니다.

따라서 시장 균형은 '사고 싶은 만큼 사고, 팔고 싶은 만큼 팔 수 있는' 상태입니다. 사고 싶은 만큼 사고, 팔고 싶은 만큼 팔 수 있으니, 지금 상태를 바꾸고 싶은 사람은 없을 것입니다. 그러니 현 상태를 계속 유지하려고 할 것입니다. 바로 이것이 시장 균형입니다. 여기서 사고 싶은 양과 팔고 싶은 양은 서로 일정한 가격이 주어졌을 때 그렇다는 말입니다.

교과서에는

어떤 시장에서 수요량과 공급량이 일치하는 상태를 시장에서 균형이 이루어져 있다고 말합니다. 이때 수요량과 공급량이 같아지도록 만든 가격을 균형 가격이라고 하며, 그때의 거래량을 균형 거래량이라고 합니다.

누구나 사고 싶은 만큼 사고, 팔고 싶은 만큼 팔 수 있으니 시장 균형은 불만이 없는 천국 같다고요? 그렇지는 않습니다. 공짜로 사고 싶은 만큼 사고, 팔고 싶은 만큼 팔 수 있다면 그게 천국이겠지요. 하지만 세상에는 공짜가 없습니다.

스마트폰을 예로 들어 봅시다. 스마트폰을 공짜로 팔고 싶어 하는 기업이 있겠습니까? 공짜로 파는 기업은 세상 어디에도 없습니다. 반면 소비자에게 공짜로 주면 너도나도 가지겠다고 아우성을 치겠지요.

가끔 학교 앞에서 홍보용으로 음료 한 캔이라도 나누어 주면 너도나도 받기 위해 길게 줄을 서는 모습을 흔히 볼 수 있는데, 스마트폰이 공짜라면 사람들이 구름처럼 몰려들어 아비규환이 될 것입니다.

물건이 공짜라면 사고 싶은 사람만 있고, 팔고 싶은 기업은 하나도 없을 테니, 당연히 살 수 없겠지요. 따라서 공짜는 성립되지 않습니다. 또 그것은 균형 상태도 아닙니다.

이번에는 스마트폰 가격이 200만 원이라면 어떻게 될까요? 아무리 스마트폰이 갖고 싶어도 200만 원씩 주면서 스마트폰을 사려는 사람은 많지 않을 겁니다. 이와는 대조적으로 스마트폰을 200만 원에 팔 수 있다면 기업들은 다른 제품의 생산을 중단해서라도 스마트폰 생산을 크게 증가시킬 겁니다.

왜냐하면 다른 제품을 파는 것보다 스마트폰을 파는 것이 훨씬 큰 이익을 가져다주기 때문입니다. 그러나 이것도 균형이 되지 않습니다. 기업들은 200만 원에 팔고 싶어도 사 줄 사람이 없어 팔 수 없기 때문입니다.

즉, 초과 공급이 발생합니다. '초과 공급'이란 수요가 공급에 미치지 못해 기업의 제품 재고가 쌓여 가는 현상입니다.

이때 개별 기업들은 손 놓고 쌓여 가는 재고를 보고만

있을까요? 그렇지 않습니다. 가격을 낮춰 기대되는 이익을 줄여서라도 팔고자 할 것입니다.

200만 원씩이나 하는 스마트폰을 한 대도 못 팔면 자신들 주머니로 들어오는 돈은 한 푼도 없이 생산 비용만 허공에 날리는 꼴이 됩니다. 하지만 100만 원에 팔게 되면 자신들 주머니로 100만 원이라도 들어오게 됩니다. 만약 생산 비용이 100만 원보다 적다면 이익을 얻을 수도 있겠죠.

그러니 200만 원에 팔지 못하는 것보다 100만 원에라도 파는 것이 유리합니다. 결과적으로 스마트폰 가격 200만 원은 계속 유지될 수 없습니다. 자연스럽게 가격이 떨어질 수밖에 없지요.

그렇다면 가격은 언제까지 떨어질까요? 앞에서 설명한 것처럼 공짜가 될 정도로는 가격이 떨어지지 않습니다. 왜냐하면 가격이 너무 떨어지면 이번에는 초과 수요가 발생하기 때문입니다. '초과 수요'란 초과 공급과 달리 어떤 가격선에서 공급을 넘어서는 수요를 말하지요. 즉, 가격이 공짜일 때와 같이 공급이 부족해 사고 싶어도 살 수 없는 상태를 말하지요.

예를 들어 스마트폰을 30만 원에 사고 싶은 사람은 스마트폰이 자신한테 제공할 가치가 최소한 30만 원 이상이라고 평가하는 것입니다. 왜냐하면 30만 원의 가치도 없다고 평가하는 사람은 결코 30만 원을 주고 스마트폰을 사려고 하지 않기 때문입니다.

반면에 50만 원 정도로 가치를 평가하는 사람은 30만 원에 스마트폰을 사면 20만 원 정도의 잉여 가치를 공짜로 얻을 수 있기 때문에 스마트폰을 사고 싶어 합니다.

그러니 30만 원일 때 초과 수요가 발생했다는 뜻은 스마트폰을 30만 원에 사면 잉여 가치를 공짜로 얻을 수 있는 소비자 중 일부가 스마트폰이 부족해 살 수 없어 잉여 가치를 얻지 못한다는 뜻입니다.

잉여 가치를 공짜로 얻을 수 있는 소비자들이 스마트폰 구매를 단순히 포기할 리 없지요. 스마트폰을 내 손 안에 넣지 못하면 잉여 가치를 전혀 얻을 수 없지만, 가격을 조금 더 주고 살 수만 있다면 어느 정도의 잉여 가치를 여전히 얻을 수 있기 때문에 더 높은 가격을 제시해서라도 자기 것으로 만들려고 할 것입니다. 물론 잉여 가치의 크기는 줄어들겠지만요.

스마트폰의 가치를 50만 원으로 평가한 소비자가 30만 원에 사지 못하면 잉여 가치를 전혀 얻지 못하지만, 40만 원에라도 살 수 있다면 10만 원 정도의 잉여 가치를 얻을 수 있어 유리합니다.

그러니까 이 소비자는 생산자에게 40만 원을 제시할 것입니다. 생산자는 40만 원을 받을 수 있는데 30만 원에 판매할 이유가 없습니다. 따라서 현재 가격이 유지되지 못하고 가격 인상이 이루어집니다. 즉, 현재 상태는 불균형이라는 뜻이지요.

지금까지 내용을 정리해 봅시다. 가격이 너무 높으면 '초과 공급'이 발생하여 가격이 인하되는 불균형이 발생하고, 가격이 너무 낮으면 '초과 수요'가 발생하여 가격이 인상되는 불균형이 발생합니다.

그러면 언제 균형에 도달할까요? 당연히 초과 수요도 없고 초과 공급도 없는 상태가 되어야 균형이 이루어지겠지요.

가격이 인상되면 기업은 좀 더 많은 이윤을 얻기 위해 공급량을 증가시키는 반면, 소비자는 소비를 통해 얻을 수 있는 잉여 가치가 줄어들기 때문에 수요량을 점차 줄이게 되어 초과 수요가 해소됩니다.

또한 가격이 인하되면 기업과 소비자의 행동이 반대 방향으로 작용되어 초과 공급이 해소됩니다. 그러니 가격이 어느 수준에 도달하면 초과 수요도 없고 초과 공급도 없는 상태에 도달하게 되겠지요.

다시 말해 기업들이 팔고 싶은 양과 소비자들이 사고 싶은 양이 꼭 일치하는 가격 수준이 있습니다. 이와 같은 가격 수준에서는 사고 싶은 만큼 사고, 팔고 싶은 만큼 팔 수 있기 때문에 더 이상 가격이 오르거나 내리려는 경향이 없습니다. 즉, 해당 가격이 계속 유지되려는 경향을 보이는 겁니다. 이것이 바로 시장 균형입니다.

이렇게 시장 균형에 도달하는 과정에는 인위적인 조정자가 필요하지 않습니다. 생산자는 이윤을, 소비자는 잉여 가치를 최대한 얻으려고 경쟁적으로 행동하고, 가격이 그와 같은 경쟁적 행동에 따라 아무런 제약 없이 탄력적으로 움직여 주기만 하면 시장은 '보이지 않는 손'에 의해 저절로 균형에 도달하게 됩니다. 일체의 인위적인 조정 없이도 시장 균형에 도달할 수 있다는 뜻입니다.

이렇게 '보이지 않는 손'에 의해 시장이 새로운 균형 상태로 옮겨가는 과정에서 시장 참여자는 많은 정보를 필요로 하지 않다는 사실도 중요합니다. 수요자와 공급자는 가격 변동의 원인을 굳이 알 필요가 없습니다. 가격 변동의 원인이 수요 측에 있든 공급 측에 있든 시장 참여자에게는 중요한 정보가 아닙니다. 가격 인상 혹은 인하라는 정보 이외에 필요한 정보는 없습니다. 그저 수요자와 공급자는 시장에서 보내오는 가격 신호를 보고 자신들의 행동을 정하기만 하면 되기 때문입니다.

오히려 어쭙잖은 정보는 균형을 이루는 데 장애가 될 수도 있다는 주장도 있습니다. 미국의 경제학자 밀턴 프리드먼은 '샤워실의 바보'를 예로 들어 이를 잘 설명했습니다.

더운물 샤워 꼭지를 틀면 처음에는 찬물이 나오지요. 이때 여러분은 어떻게 합니까? 잠깐만 기다리면 이내 더운물이 나올 텐데, 그새

를 참지 못하고 뜨거운 방향으로 꼭지를 더욱 돌리게 되지요. 그러면 이내 너무 뜨거운 물이 나오고, 또 이를 참지 못하고 반대 방향으로 돌리다 보면 이번에는 찬물이 나오게 되지요. 샤워 꼭지에서 보내오는 잠시의 어정쩡한 정보로 인해 물 온도 조정이 어려워진 것입니다.

김연아의 진정한 팬은 누구일까요?

그러면 현실 세계에서는 왜 시장 불균형이 발생할까요? 우리는 방금 시장 가격이 시장에서의 수요와 공급에 따라 원활하게 움직이기만 하면, 마치 시장에 '보이지 않는 손'이 있는 것처럼 시장이 균형에 도달하는 원리에 대해 살펴보았죠.

따라서 시장 불균형은 가격이 원활하게 움직이지 못할 때 발생합니다.

김연아 선수가 아이스 쇼를 펼치는 경기장으로 가 볼까요?

김연아 선수가 얼음판 위에서 멋진 연기를 펼치는 아이스 쇼는 늘 열성팬들로 만원을 이룹니다. 공연장 밖에는 표를 구하지 못해 발을 동동 구르는 팬들로 북적이고요.

현재 공연의 입장권 가격에서 '초과 수요'가 발생한 것입니다.

만일 입장권 가격이 아이스 쇼를 보러 온 수요자의 수에 따라 그

때그때 탄력적으로 변한다면, 이런 북새통은 곧 사라지게 됩니다. 왜 그럴까요? 공연장에 들어가지 못해 안타까워하는 팬들이 실제 지불할 수 있고, 또 지불하고 싶은 최대 입장료는 현재 입장권 가격보다 훨씬 높을 겁니다. 그러니까 그렇게 안타까워하겠지요. 현재 입장료보다 더 내고 싶을 정도로 김연아 선수의 아이스 쇼를 보고 싶은데 표가 없어 들어갈 수 없으니 오죽 안타깝겠습니까? 실제로 불법이지만 정가보다 몇 배씩 비싼 암표가 거래되는 사실을 생각하면 쉽게 이해가 될 것입니다.

이때 만일 입장권의 시장 가격이 갑자기 높아져 자신이 지불할 수 있고, 또 지불하고 싶은 최대 금액보다 비싸지면, 관객들은 공연장에 들어가라고 등을 떠밀어도 들어가지 않을 겁니다. 가격 인상에 따라 수요가 급감하는 것이지요.

공연을 볼 수 없어 불만스러운 팬들은 자연스럽게 줄어들게 되어 공연장 밖 장사진은 곧 사라지게 됩니다. 따라서 김연아 선수의 공연장 밖 북새통, 즉 초과 수요의 원인은 공연 입장권 가격이 탄력적으로 움직이지 않기 때문입니다. 이는 입장권 가격이 고정되어 있기 때문에 초과 수요가 해소되지 않는 것이지요.

그러면 초과 수요와 같은 불균형이 해소되어야 하는 이유는 무엇일까요? 그것은 초과 수요는 부정부패와 같은 부조리를 초래하는 원인이 되기 때문입니다.

현재 가격에서 초과 수요가 있다는 말은 앞에서도 설명한 것처럼 현재 가격보다 돈을 더 주고라도 공연을 보고 싶어 하는 사람이 많다는 뜻입니다. 그러니 공연 입장권을 나누어 주는 권한이 있는 사람은 공식 창구가 아닌 비공식 창구를 통해 입장권을 빼돌려 비싼 값에 팔아 이익을 챙길 수가 있습니다. 즉, 부정부패가 발생할 수 있는 토양이 형성된 것이지요.

설령 비싼 값에 몰래 파는 부조리까지는 아니더라도 친인척이나 학연, 지연 등의 친분 관계가 있는 사람들에게 선심 쓰듯 정상가에 입장권을 판매할 수도 있습니다.

이는 입장권을 사기 위해 며칠 밤을 지새우며 판매 창구 앞에서 줄 서 있는 팬들에 대한 배신이라고 할 수 있습니다. 몇몇의 사람들에게 특별한 혜택을 주어 자원을 배분한 것이기 때문이지요. 이런 일이 발생한다면, 공연장에 들어가지 못한 팬들의 불만은 더욱 하늘을 찌를 겁니다.

초과 수요는 사회 구성원 모두의 복리를 높이는 것과도 어긋나는 일이지요.

현실적으로 김연아 선수의 팬 모두가 공연을 볼 수 없다면, 어떤 팬들이 공연을 보는 것이 사회 전체의 복리를 위해 좋을까요? 그야 가장 보고 싶어 하는 열성팬 순서로 공연을 보는 것이겠지요. 그러면 고정된 입장권 가격에서는 누가 공연을 보게 될까요? 친인척, 학연, 지연 등으로 표를 구해 공연을 보게 된 팬들이 꼭 열성팬이라고는 할 수 없겠지요. 우리 중에서 김연아 선수의 공연을 가장 보고 싶은 사람이 아닌 다른 사람이 그 공연을 보고 있으니 사회 전체의 이익이 최대화되지 않는 것은 당연합니다.

그러면 가장 공연을 보고 싶어 하는 사람이 누구인지 어떻게 알수 있을까요? 그것은 제아무리 똑똑한 사람이라도 절대 알아내지 못합니다. 하지만 '보이지 않는 손'은 해낼 수 있습니다.

가격이 원활하게 움직이기만 하면 됩니다. 가격이 인상되면 공연 관람의 열망이 적은 팬들부터 관람을 포기하게 되겠지요. 결국 끝까지 남는 팬들은 어떤 사람들일까요? 네, 김연아 선수 공연을 가장 보고 싶어 하는 열성팬들만이 높은 가격을 지불하고도 입장권을 구입하게 되겠지요. 그러니 자연스럽게 열성팬을 구별해 내게 됩니다.

'보이지 않는 손'의 능력은 참 대단하지요. 물론 여기서 팬들의 주머니 사정이 고려되지 않은 점은 인정합니다. 아무리 열성팬이라고 하더라도 입장권을 구매할 능력이 안 되면 소용없는 일이니까요. 여기서는 일단 구매력의 문제가 없는 상태에서 소비자들의 선호도를 구분해 내는 '보이지 않는 손'의 능력을 말씀드린 겁니다.

어부 아저씨의 고민

여러분이 오늘 맛있는 아침 식사를 할 수 있었던 것은 얼굴도 이름도 모르는 수없이 많은 사람들 덕분입니다. 작년 여름 뜨거운 햇살 아래에서 묵묵히 일했던 농민, 서해 어민, 호주의 축산업자, 이들을 수송했던 트럭 운전사, 또 여러 먹을거리를 여러분이 편리하게 선택할 수 있게 준비해 놓은 슈퍼마켓 사장님 등 이루 헤아릴 수 없는 많은 분들의 수고가 있었기 때문에 여러분들이 맛있는 아침밥을 먹을 수 있었던 것입니다.

여기서 중요한 점은 이렇게 다양한 수고를 하고 있는 분들이 여러분을 알 필요도 없고, 또 여러분도 그분들을 알 필요가 없다는 사실입니다. 내가 잡은 생선을 누가 먹게 되는지, 반찬으로 사용되는지, 아니면 건강 보조 식품을 만드는 재료로 사용되는지를 알 필요가 없다는 말입니다.

그저 그들이 관심을 갖는 것은 고기를 잡거나 농사를 짓고, 트럭 운전을 하면 돈을 벌 수 있다는 점입니다. 사람들이 아침밥을 먹을 때, 그 아침 식단에 일정 부분 기여하면 아침밥을 먹는 이들이 돈을 준다는 사실에 관심이 있을 뿐입니다. 여러분도 아침에 샌드위치가 아닌 생선이 먹고 싶고, 그 생선을 먹게 해 주면 일정한 돈을 낼 용의가 있다고 표현하기만 하면 그만입니다.

자, 그러면 얼굴도, 이름도 모르는 어부 아저씨가 어떻게 여러분이 생선을 먹고 싶은지, 샌드위치를 먹고 싶은지를 알 수 있을까요? 또 고등어가 먹고 싶은지, 꽁치가 먹고 싶은지, 더 나아가 얼마나 먹고 싶은지를 어떻게 알까요? 더구나 여러분이 돈을 얼마나 낼지, 다시 말해 어부 아저씨들이 돈을 얼마나 받을 수 있을지를 어떻게 알 수 있을까요?

문제는 '무엇을 얼마나, 그리고 어떻게 생산할지'를 결정하는 일입니다. 즉, 자원 배분의 문제입니다. 이런 자원 배분이 정확하게 이루어지지 않으면 모두가 불행해집니다.

여러분은 고등어를 먹고 싶은데 꽁치를 잡으면, 먹기 싫은 꽁치를 먹거나, 아니면 다른 음식을 먹어야 하니까 불만일 것이고, 어부 아저씨들은 힘들게 꽁치를 잡아 놓았는데 팔리지 않을 테니 손해가 이만저만이 아니겠지요. 또 너무 많이 잡으면 남아서 손해고, 너무 적게 잡으면 먹고 싶은 사람이 먹지 못할 테니 그것도 불만이지요.

우리가 어부 아저씨들과 서로 잘 알고 의견을 원활히 교환해 가며 살아가는 사이라면 혹시 이런 손해와 불만에 대해 걱정하지 않아도 될지도 모르는데, 그렇지 않으니 어쩌지요? 그러나 너무 걱정하지 마세요.

여러분과 어부 아저씨들이 자신의 이기심을 솔직히 털어놓으면 '보이지 않는 손'이 누구도 손해를 보지 않고 불만스럽지도 않게 해결해 준답니다.

'보이지 않는 손'은 가격 그 자체를 말하며, 특히 가격의 여러 기능 중에서 자원의 효율적 배분 기능을 강조하기 위해 『국부론』에서 표현한 것입니다.

자원이 효율적으로 배분된다는 것은, 한정된 자원이 쓸데없는 곳에 사용되지 않고 가장 중요한 곳에 사용된다는 것을 의미합니다. 그렇다면 가장 중요한 곳이 어디인지 어떻게 알 수 있겠습니까? 사실 자원 배분은 그렇게 많은 정보가 필요하지 않습니다. 시장 가격이면 충분합니다.

예를 들어 생선 가격이 크게 인상되었다고 가정해 봅시다.

가격이 올라가면 어떤 이유에서든 해당 시장에서 초과 수요가 발생했다는 뜻입니다. 초과 수요는 사고자 하는 사람은 많은데 그 수요를 충족시킬 공급이 부족하다는 뜻이지요.

시장에서 공급에 비해 수요가 많은 현상은 가격이 오르는 신호가 됩니다. 따라서 사람들은 가격 신호를 보고 어떤 재화나 서비스가 부족한지를 바로 알아차릴 수 있습니다.

이때 초과 수요가 발생한 원인은 중요하지 않습니다. 어부들은 생선 품귀의 원인을 굳이 알 필요가 없다는 말입니다. 서해에서 갑작스레 군사적 긴장이 높아져 고기를 잡으러 나가는 배가 줄어든 것이 원인이든, 식습관의 변화로 수요가 증가한 것이 원인이든 품귀 현상이 벌어졌다는 사실 이외에는 어부에게 중요한 정보는 없습니다.

꼭 알아야 할 사실은 가격이 폭등했다는 사실뿐입니다. 어부에게는 생선 가격이 크게 올랐으니 조업 일수나 조업 시간을 연장해 어획량을 늘리면 과거보다 돈을 더 많이 벌 기회가 왔다는 사실이 중요합니다. 자연스럽게 어부들의 자원 배분이 달라집니다.

생산자는 가격이 많이 올라간 재화나 서비스를 생산하는 데 자원을 더 많이 사용하기 시작합니다. 이왕이면 같은 자원으로 비싸게 팔 수 있는 재화나 서비스를 생산하면 이윤을 더 많이 낼 수 있기 때문입니다.

자연스럽게 초과 수요가 있는 곳으로 자원이 흘러 들어가게 됩니다. 그러면 소비자는 가장 필요로 하는 재화가 생산되어서 좋고, 생산자는 같은 자원으로 높은 가격을 받을 수 있는 상품을 생산하니까 좋고, 그래서 사회 전체적으로도 주어진 자원이 가장 효율적으로 사용되는 결과가 이루어집니다.

이것이 가격의 자원 배분 기능입니다. 나는 인위적인 개입 없이 가격의 자원 배분 기능만으로도 효율적인 자원 배분이 가능하다는 점을 강조하고 싶어 '보이지 않는 손'에 의한 자원 배분이라고 표현한 것입니다.

자원이 초과 수요가 있는 시장으로 흘러들어 가는 것만으로 효율적인 자원 배분이 끝나지는 않습니다. 누가 생산하는가의 문제가 여전히 남아 있지요. 다시 말해 시장에는 동일한 상품을 생산하는 기업이 여럿 있기 때문에, 어떤 기업이 실제로 자원을 배분 받아 생산, 공급하는가의 문제가 남아 있다는 말입니다.

어떤 기업이 생산을 담당해야 할까요? 당연히 자원을 효율적으로 사용할 수 있는 기업에게 자원이 배분되어야 사회 전체적으로 유리합니다. 비효율적인 기업은 귀중한 자원을 낭비하는 결과를 초래할 테니까요.

자, 그러면 어떻게 효율적인 기업과 비효율적인 기업을 구분할 수 있을까요? 이 문제도 시장에서 어렵지 않게 해결할 수 있습니다.

효율적 기업은 그렇지 않은 기업에 비해 같은 물건을 싸게 생산할 수 있는 기업입니다. 다시 말해 적은 자원으로 더 많이 생산할 수 있는 기업이란 뜻입니다. 당연히 효율적 기업은 경쟁 기업에 비해 큰 이윤을 얻게 됩니다. 이렇게 얻은 이윤은 새로운 투자를 가능하게 하고, 투자는 다시 생산성을 더욱 향상시켜 기업의 효율성은 더욱 높아집니다.

초과 수요 발생
생선 품귀 현상

초과 수요 발생
생선 품귀 현상

따라서 효율적 기업은 다른 기업보다 가격을 낮출 수 있습니다. 왜냐하면 싸게 생산할 수 있기 때문이지요. 가격을 낮추면 소비자들이 더 많이 사 주기 때문에 효율적 기업의 생산량은 더욱 늘어납니다. 반면에 비효율적 기업은 그만큼 고객을 잃게 되고, 이윤이 줄어들어 급기야 손실이 발생할 수도 있습니다.

기업들 간의 자유로운 경쟁을 보장하면 시장은 효율적 기업에게 더 큰 이윤이라는 상을 주고, 비효율적 기업에게는 손실이라는 벌을 내립니다. 효율적 기업의 생산은 늘어나고, 비효율적 기업은 결국 시장에서 퇴출되어 생산을 중단하게 된다는 말입니다. 자연스럽게 귀중한 자원이 비효율적 기업에서 효율적 기업으로 이동하는 것이지요.

사익과 공익의 조화

소비를 하며 얻는 개인적 잉여와 생산을 하며 얻는 개인적 잉여를 합치면 사회적 잉여가 됩니다. 우리가 얻는 개인적 이익은 모두 사회적 이익에 포함된답니다. 그러므로 우리 모두가 사익을 최대한으로 추구하면 추구할수록 공익도 최대한으로 늘어나는 것이지요.

수능과 유명 대학교의 논술 연계

서울대 2011학년도 수시 논술고사

지금까지 살펴본 시장 균형과 자원 배분은 개인의 이익을 극대화하는 것을 바탕으로 하고 있습니다.

소비자는 자신의 효용을 극대화하고, 생산자는 자신의 이윤을 극대화하기 위해 시장에 참여하죠. 소비자와 생산자는 결코 우리 모두의 이익을 염두에 두고 행동하지 않습니다. 그렇다면 시장을 통해 형성된 균형과 자원 배분으로 개인 이익의 극대화가 달성되더라도, 만일 그것으로 인해 공공의 이익이 침해된다면 사회적으로 받아들일 수 있을까요?

물론 공공의 이익에 앞서 개인의 이익만이 우선시되는 세상은 선뜻 받아들이기 어렵겠죠. 그렇게 된다면 나라가 없어지고 말 테니까요. 또한 일부 사람들에게만 이롭고 나머지 사람들에게는 불리하다면 그것도 결코 옳은 일이 아닙니다. 하지만 너무 걱정하지는 마세요! 시장은 개인의 이익과 공공의 이익을 조화시키는 장치랍니다.

만족을 얻기 위해 지불할 수 있는 최댓값

우선, 시장 거래를 통해 사회 전체가 얼마나 큰 이득을 얻게 되는지 살펴보도록 하지요.

영희는 최신형 스마트폰 한 대를 50만 원에 구입하여 신이 났습니다. 왜 영희가 그토록 신나 할까요? 그것은 50만 원을 주머니에 갖고 있는 것보다 스마트폰을 자기 것으로 만들었을 때의 만족도가 더욱 크기 때문이지요.

그러면 이번에는 이렇게 질문해 보겠습니다. 영희가 방금 산 스마트폰을 다시 판다면 얼마를 받고 팔까요?

이때 영희가 갖고 있는 스마트폰은 세상에 하나밖에 없다고 가정합시다. 다시 말해 똑같은 스마트폰을 다른 어느 곳에서도 구매할 수 없다는 뜻입니다.

영희는 스마트폰을 팔아 받는 돈에서 얻을 수 있는 만족감이 스마트폰을 갖고 있을 때 느끼는 만족감보다 크지 않으면 결코 스마트폰을 팔지 않을 것입니다. 만일 영희가 80만 원에 스마트폰을 팔 용의가 있다면, 영희가 스마트폰에서 얻는 주관적 만족감의 화폐 가치가 80만 원이라는 뜻입니다.

이제 다시 영희가 스마트폰을 구매하는 장면으로 돌아갑시다. 영희는 자신에게 80만 원의 가치가 있는 스마트폰을 50만 원에 구매한 것입니다. 따라서 영희는 스마트폰 구매로부터 30만 원 어치의 주관적 이득을 얻은 것입니다. 그러니 신날 수밖에요. 사실 영희는

◆ 애덤 스미스가 들려주는 시장 경제 이야기

스마트폰이 60만 원이라도 구매했을 겁니다. 왜냐하면 60만 원에 사도 여전히 20만 원어치의 이득을 얻을 수 있기 때문입니다. 이렇게 따져 올라가면 영희가 스마트폰을 구매할 용의가 있는 최대 금액은 80만 원이 됩니다.

이렇게 어떤 상품을 구매할 용의가 있는 최대 금액을 지불 용의액이라고 부릅니다. 그리고 지불 용의액과 실제 지급한 금액, 즉 가격과의 차이를 소비자 잉여라고 부릅니다.

소비자 잉여 구하기

예를 들어 50만 원에 스마트폰을 구매한 영희의 소비자 잉여는 자신의 지불 용의액인 80만 원과 시장 가격인 50만 원의 차이, 즉 30만 원이 됩니다. 바로 이 소비자 잉여가 영희에게 돌아간 사적 이익인 것입니다. 영희는 이 소비자 잉여를 얻기 위해 자발적으로 거래에 나서는 것입니다.

소비자 잉여 = 지불 용의액 - 실제 지급한 금액

영희의 경우,

30만 원 = 80만 원 - 50만 원

자, 이제 우리의 관심을 영희의 스마트폰 구매에서 스마트폰 시장 전체로 넓혀 보지요. 스마트폰을 구매한 소비자가 영희 혼자만은 아니겠지요. 스마트폰을 구매한 모든 소비자들은 누구나 할 것 없이 소비자 잉여를 얻게 된다는 공통점을 갖습니다.

물론 소비자들이 각각 얻게 되는 소비자 잉여의 크기는 다를 것입니다. 왜냐하면 개인마다 소득, 선호도 등 다양한 처지에 놓여 있기 때문에 지불 용의액도 천차만별이 되는 것입니다. 스마트폰에 대한 지불 용의액이 100만 원을 훌쩍 넘는 소비자가 있는가 하면, 간신히 50만 원인 소비자도 있지요.

지불 용의액이 크면 클수록 소비자 잉여를 크게 얻을 것입니다. 작으면 작을수록 소비자 잉여는 작게 얻겠지요. 하지만 이들 모두는 스마트폰 구매로 소비자 잉여를 얻을 수 있다는 점에서 동일합니다. 여기서 손해를 보는 소비자는 있을 수 없습니다. 왜냐하면 손해나는 거래는 결코 하지 않을 테니까요.

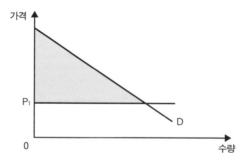

[그림 6] 수요 곡선과 소비자 잉여

기호 해설: 가로축은 수량, 세로축은 가격을 나타내며, 세로축 P는 Price(가격), 그래프의 D는 Demand(수요)의 약자입니다.

소비자가 수없이 많은 현실 세계를 관찰하면 [그림 6]과 같은 수요 곡선을 얻을 수 있습니다. 여기서 수요 곡선의 높이는 개별 소비자들의 지불 용의액을 의미하며, 소비자별로 각기 다른 지불 용의액을 갖고 있을 것이므로, 수요 곡선은 오른쪽 아래로 향하는 곡선이 될 것입니다. 따라서 가격이 세로축의 P_1일 때 전체 소비자의 잉여는 빗금 친 부분으로 나타낼 수 있습니다.

생산자 잉여 구하기

이번에는 생산자 잉여를 살펴보겠습니다. 생산자 잉여란 생산자가 거래를 통해 얻게 되는 이득입니다. 그러니까 생산자가 물건을 팔고 받은 가격과 물건을 생산하는 데 들었던 생산 비용의 차이로 정의할 수 있지요.

생산자 잉여 = 물건을 팔고 받는 실제 금액 − 물건을 생산하는 데 든 비용
　　　　　　　　　　(상품 가격)　　　　　　　　　　　(생산 비용)

생산자 잉여가 산출되는 과정을 살펴보겠습니다. 여기에 스마트폰을 생산하는 기업 A, B, C, D가 있습니다. 각 기업의 생산량은 일단 각 1대씩이며, 생산하는 데 드는 비용은 다음과 같이 서로 상이하

다고 가정해 봅시다.

생산 기업	생산 단가
A	70만 원
B	60만 원
C	40만 원
D	30만 원

만약 스마트폰 가격이 65만 원이라면 기업 B, C, D는 자신의 생산 단가가 가격보다 낮아 이익을 볼 수 있으므로 공급에 나서겠지만, 기업 A는 자신의 생산 단가가 가격보다 높아 손해를 보게 되므로 공급하지 않으려고 할 것입니다.

기업 B는 스마트폰 생산 단가가 60만 원이므로, 이를 시장에 내다 팔면 65만 원을 받을 수 있어 5만 원의 잉여, 즉 이윤을 얻을 수 있죠. 마찬가지로 기업 C와 D도 판매를 통해 각각 25만 원, 35만 원의 잉여를 얻을 수 있습니다.

이렇게 개별 생산자가 얻는 잉여를 모두 합하면 시장 거래를 통해 생산자들이 얻게 되는 생산자 잉여가 됩니다. 위의 예에서 시장 가격이 65만 원이면 기업 B, C, D가 각각 얻는 5만 원, 25만 원, 35만 원의 잉여를 모두 합한 65만 원이 생산자 잉여가 되는 것이죠.

여기서도 생산자가 수없이 많은 현실 세계의 공급 곡선을 그려보면 [그림 7]처럼 우상향하는 공급 곡선을 얻게 됩니다. 여기서 공급 곡선의 높이는 개별 기업들의 생산 단가를 의미하게 됩니다. 각 기업들의 생산 단가는 모두 상이할테니 가장 효율적인 기업의 생산 단가부터 개별 기업의 생산 단가를 적은 순서부터 늘어놓으면 [그림 7]과 같은 공급 곡선을 얻게 됩니다.

당연히 개별 기업의 생산자 잉여는 기업의 얻게 되는 가격과 자신들의 생산 단가 차이로 표현됩니다. 따라서 임의의 가격 P_2에서 경제 전체가 얻게 되는 생산자 잉여는 개별 기업의 생산자 잉여를 모두 합한 수준으로 정의할 수 있으므로 [그림 7]처럼 공급 곡선과 가격 P_2로 둘러싸고 빗금 쳐진 면적으로 표현할 수 있습니다.

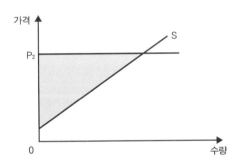

[그림 7] 공급 곡선과 생산자 잉여

기호 해설 : 그래프의 대문자 S선은 Supply(공급)의 약자입니다.

사회적 잉여의 최대치는?

소비자와 생산자들은 시장 거래를 통해 각각 소비자 잉여와 생산자 잉여를 얻습니다. 이때 소비자는 생산자가 이득을 얼마나 취하는지,

또 생산자는 소비자가 이득을 얼마나 취하는지 상관하지 않습니다. 오로지 자기 자신의 이득을 크게 만드는 데 전념할 뿐입니다.

그리고 사회적 관점에서 보더라도 소비자 잉여와 생산자 잉여를 구분할 필요가 없습니다. 왜냐하면 소비자도 사회의 구성원이고, 생산자도 사회의 구성원이기 때문입니다. 누구의 이득이든 사회 전체가 얻는 이득인 것이죠. 이렇게 소비자 잉여와 생산자 잉여를 구분하지 않고 하나로 합한 이득을 사회적 잉여라고 합니다.

> 사회적 잉여 = 소비자 잉여 + 생산자 잉여

그렇다면 가능한 한 사회적 잉여가 커지는 것이 공익에 기여하는 일일 테지요. 따라서 소비자 잉여와 생산자 잉여를 합한 사회적 잉여가 언제 극대화되는지를 살펴보겠습니다.

그렇다면 가능한 한 사회적 잉여가 커지는 것이 공익에 기여하는 일일 테지요. 따라서 소비자 잉여와 생산자 잉여를 합한 사회적 잉여가 언제 극대화되는지를 [그림 8]을 예로 살펴보겠습니다.

자, 먼저 시장 가격이 P_1일 때의 사회적 잉여의 크기를 살펴보죠. 가격이 P_1에서는 수요량은 Q_1^D인데 반하여 공급량은 Q_1^S이니까 당연히 $Q_1^D - Q_1^S$ 만큼 초과 수요가 발생합니다. 하지만 초과 수요가 발생하였다고 거래 자체가 전혀 성립되지 않은 것은 아닙니다. 초과 수요량 $Q_1^D - Q_1^S$ 만큼은 거래될 수 없겠지만 Q_1^S 만큼의 공급량은 시장에서 거래될 수 있습니다. 따라서 Q_1^S만큼의 시장 거래량에서 비롯되는 사회적 잉여는 발생합니다. 즉, 소비자 잉여는 수요 곡선 D와 시장 가격 P_1 그리고 거래량 Q_1^S으로 둘러싸인 사다리꼴 P_1AIG의 면적으로 표현됩니다. 또 생산자 잉여는 가격 P_1과 공급 곡선 S로 둘러싸인 삼각형 P_1AF의 면적으로 표현됩니다. 따라서 가격 P_1에서 사회적 잉여는 소비자 잉여와 생산자 잉여를 합한 사다리꼴 FAIG의 면적으로 표현됩니다.

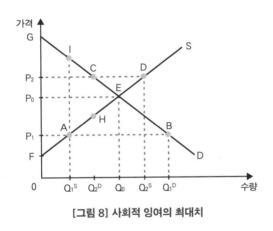

[그림 8] 사회적 잉여의 최대치

이번에는 똑같은 방법으로 시장 가격이 P_2일 때의 사회적 잉여를 살펴보겠습니다. 시장 가격이 P_2일 때 시장 거래는 어디서 성립하겠습니까? 시장 가격이 P_1일 때의 논의를 잘 이해했다면 쉽게 답할 수 있지요. 가격 P_2에서는 수요량은 Q_2^D인 반면 공급량은 Q_2^S이어서 $Q_2^S - Q_2^D$만큼 초과 공급이 발생할 것입니다. 그러니 수요량 Q_2^D만큼만 거래되고 초과 공급분 Q_2^S-Q_2^D은 거래되지 않겠지요. 결국 소비자 잉여는 공급 곡선 S와 가격 P_2 그리고 시장 거래량 Q_2^D으로 둘러싸인 사다리꼴 P_2CHF의 면적으로 표현됩니다. 따라서 가격 P_2에서의 사회적 잉여는 사다리꼴 FHCG로 표현됩니다.

마지막으로 수요와 공급이 일치하는 시장 균형 가격 P_0에서의 사회적 잉여의 크기를 살펴볼까요. 균형 가격 P_0에서는 당연히 초과 공급도 초과 수요와 같은 과부족 현상이 발생하지 않을테니 거래량은 Q_0이 됩니다. 따라서 소비자 잉여는 공급 가격 P_0과 수요 곡선으로 둘러싸인 삼각형 P_0EG의 면적으로 생산자 잉여는 균형 가격 P_0과 공급 곡선으로 둘러싸인 삼각형 P_0EF의 면적으로 표현됩니다. 이 소비자 잉여와 생산자 잉여를 합하면 균형 가격 P_0에서의 사회적 잉여를 얻게 되는데 큰 삼각형 FEG의 면적으로 표현됩니다.

이제 앞에서 살펴본 세 가지 경우의 사회적 잉여를 비교해 보세요. 시장 가격이 균형 가격보다 낮은 P_1의 경우나 높은 P_2인 경우 모두 균형 가격 P_0일 때보다 사회적 잉여가 적은 것을 발견할 수 있을 겁니다. 바로 균형 가격에서 사회적 잉여가 극대화되는 것입니다.

여기서 한 가지 기억을 되살려야 할 것이 있습니다. 시장 균형을 이끄는 힘은 바로 수요와 공급이고, 그 수요와 공급은 공공의 이익을 극대화하는 과정에서가 아니라 개인의 이익을 극대화하는 과정에서 형성된다는 점을 반드시 기억해야 합니다. 좀 더 구체적으로 말하면, 수요는 소비자의 이익인 효용 극대화의 결과이고, 공급은

생산자의 이익인 이윤 극대화의 결과라는 것입니다. 그런데 이 이익
극대화의 결과인 수요와 공급에 의해 결정되는 시장 균형 가격에서
공공의 이익이 극대화된다니, 이 얼마나 놀라운 마술입니까?

지불 용의액 대결, 그리고 지불 용의액 너머

유명한 미술 작품이나 희귀한 가치가 있는 물건들은 경매의 방식으로 판매되는데요. 이러한 방식은 소비자의 지불 용의액과 실제 지급 금액의 차이를 최소화시킵니다. 반대로 판매자는 생산자 잉여를 최대로 높일 수 있지요.

경매가 시작되면, 경매장에 모인 사람들은 자신이 구입하고자 하는 가격을 제시합니다. 만약 다른 사람이 그보다 높은 가격을 제시하지 않는다면, 제시한 가격에 물건을 살 수 있는 권리를 얻게 되지요. 구입 희망 가격을 제시하는 것을 '입찰'이라고 합니다. 경매는 이렇게 입찰자 간의 가격 경쟁을 통해 물건을 판매합니다.

우리는 '어떤 상품을 구매할 용의가 있는 최대 금액'을 지불 용의액이라고 정의하였습니다. 입찰자는 자신의 지불 용의액까지 입찰 경쟁을 할 것이므로, 즉 경매는 입찰자 간의 지불 용의액 대결이라고 볼 수 있지요.

그러나 간혹 경매에서 낙찰을 받고도 실제 구입하지 않고 도망치는 경우가 있다고 합니다. 그것은 지불 용의액이라는 것이 실제로 지불할 수 있는 금액과는 다를 수 있다는 것을 알려 줍니다. 경제학에서 제시하는 수학적인 개념은 결코 완벽하지 않습니다. 인간의 행동을 예외가 전혀 인정되지 않는 수학적 논리로 완벽하게 증명할 수는 없을 테죠.

우리의 삶에는 지불 용의액과 소비자 잉여로 설명할 수 없는 일도 얼마든지 있을 수 있습니다. 이번에는 기필코 낙찰을 받고자 했던 사례를 들어 보고자 합니다.

일제 강점기 시대, 일제는 우리의 말과 글, 혼을 말살시키기 위하여 많은 문화재를 약탈하고 파괴시켰지요. 그러한 시대에 우리의 문화재를 지키기 위하여 힘쓴 사람들이 있었습니다. 당시 장안 최고의 갑부였던 간송(澗松) 전형필 선생도 그중 한 분이었습니다.

전형필 선생은 일제로부터 우리의 문화재를 지키기 위해 필사의 노력을 하였습니다. 1936년 1월 경성구락부에서는 청화백자 등 국보급 문화재 200여 점이 경매 시장에 나왔습니다. 우리 선조들의 혼이 담긴 보물들을 놓고 일본인 거상과 입찰 경쟁이 붙었는데, 전형필 선생이 끝까지 버텨 결국 낙찰을 받았습니다. 그때 경매장에 있던 모든 조선인은 눈물을 글썽이며 목이 메이도록 만세를 외쳤답니다.

또한 전형필 선생은 1943년 8월,『훈민정음』원본이 경상도 안동에서 매물로 나왔을 당시, 책값으로 무려 1만 원을 내며 필사적인 노력 끝에 구했습니다. 판매자는 1,000원을 원했으나『훈민정음』이 일본인들에게 넘어갈 것을 걱정한 전형필 선생은 1만 원을 지불한 것이지요. 당시 기와집

한 채 값이 1,000원이었으니, 1만 원은 보통 사람이 평생 가지기 힘든 거액이었습니다. 이『훈민정음』원본은 광복 이후 국보 70호로 지정되었답니다.

생전의 전형필 선생

"보이지 않는 손이
경제 문제를 해결해요"

먹고사는 것은 간단한 문제가 아닙니다. 특히 여러 사람들이 모여 서로 경쟁하며 살아갈 수밖에 없는 세상이기 때문에 더욱 그렇습니다. 바로 이 먹고사는 문제를 놓고 씨름하는 학문이 경제학입니다.

우리가 잘 먹고 잘 살려면 생산을 해야 합니다. 생산도 이왕이면 효율적으로 해야 합니다. 또 생산물을 가능하면 공평하게 나누어 가져야 합니다. 이런 먹고사는 경제 문제는 저절로 해결되지 않습니다. 인위적인 시스템을 만들어 해결해야 합니다.

시장 경제는 이들 시스템 중 하나입니다. 지금까지 함께 살펴본 것처럼 시장 경제 시스템은 우리들의 먹고사는 문제를 비교적 효율적으로 해결합니다. 각 개인의 이익뿐만 아니라 사회 전체의 이익도 함께 증대시킬 수 있는 꽤 괜찮은 제도입니다.

물론 경제 문제를 해결하기 위해 고안된 시스템은 시장 경제 이외에도 여러 가지가 있습니다. 사회주의 계획 경제가 그중 하나이지요. 하지만 완벽한 시스템이란 존재하지 않습니다. 어떤 시스템이든 장점이 있는 만큼 약점도 있기 마련이지요. 시장 경제도 효율성이라는 측면에서는 매우 우수하나 사람들 사이에 현격한 경제력 차이가 있을 때 야기되는 불공정 문제가 시스템 내에서 효과적으로 해결되지 않는 약점을 갖고 있습니다. 따라서 어떤 시스템이 우수한가를 과학적으로 증명하기는 어렵습니다. 그래서 현실 세계에는 순수한 자본주의 시장 경제도, 완전한 사회주의 계획 경제도 존재하지 않습니다. 대개 서로 절충하고 있지요.

그러나 역사적 경험을 통해 각자 판단할 수 있을지는 모릅니다. 사회주의의 원조 격이었던 소련이 몰락한 사실, 공산주의 국가인 중국이 시장 경제를 도입하여 경제적 부흥을 누리고 있는 사실 등이 시사하는 바를 곰곰이 생각해 보기 바랍니다.

경제적 번영을 가져다주는 것이 천연자원이나 과학 기술이 아니라 건전한 경제 체제라고 믿습니다. 그리고 그 건전한 경제 체제는 바로 자유 시장 경제 체제가 아닐까요?

바로 이 점을 강조하기 위해『국부론』에서 다음과 같이 썼습니다.

"각 개인이 자신의 돈을 국내 산업을 발전시키는 데에 쓰고, 최대의 가치를 생산하도록 산업을 이끌어 간다면, 각 개인은 자신의 능력 범위에서 국내의 연간 공익에 기여하는 일을 한 것이다. 사실 대개의 경우 그는 공공의 이익에 기여하려는 의도도 없었고, 자신이 공공의 이익에 얼마나 기여했는지조차도 모른다. 그는 외국과 관련된 산업보다 국내 산업을 선호하면서 자신의 이익을 안전하게 보장받으며, 국내 생산물의 가치를 최대화하면서 자신의 사적 이익만을 추구하였을 뿐이다. 여기서 그는 다른 많은 경우에서처럼, 자신이 의도하지 않았던 결과를 이끌어 내는 '보이지 않는 손'에 의해 인도된다. 의도하지 않은 결과가 항상 사회에 나쁜 것만은 아니다. 그는 자신의 이익을 추구했을 뿐이지만 공공의 이익을 증

진할 의도를 내세울 때보다 더 효과적으로 공공의 이익을 증진시
킨다."

—『국부론』제4편 제2장 중에서

바로 이 구절의 '보이지 않는 손'이라는 표현이 내가 주장했던 경
제 이론의 상징어가 되었답니다.

'보이지 않는 손'이라는 말로 주장하고 싶었던 것은 공정한 자유
방임 시장(free market)입니다. 우리들의 이기심을 억누를 누군가나
불공정한 독점 관계 같은 것이 없는 시장 체제 말입니다.

완벽한 자유 경쟁이 보장되는 자유방임 시장에서 인간의 이기적
인 행동은 보이지 않는 손에 이끌려 사회 전체의 이익으로 직결되는
부수적 결실을 맺습니다. 또한 이 경우 시장을 방임 상태로 놓아둔
다고 무질서해지지 않습니다. 앞에서 여러 차례 말씀드린 대로 시장
의 자율적 기능으로 자연스러운 질서가 형성되기 때문입니다. 그러
므로 정부는 시장 경제의 자유 경쟁을 훼손하는 불공정 요소들을 제
거하는 것 이외에는 시장에 개입할 필요가 없는 것입니다.

기출 문제 활용 노트

2005년도 수능 1번

기본적인 경제 문제를 나타낸 그림입니다. 이와 관련된 사례를 〈보기〉에
서 골라 바르게 연결한 것은? [3점]

> (가) 무엇을 얼마나 생산할 것인가?
> (나) 어떻게 생산할 것인가?
> (다) 누구에게 분배할 것인가?

〈보기〉

> ㄱ. 갑 선생님은 이번 학기에 경제와 사회, 문화 과목을 강의하기
>   로 하였다.
> ㄴ. 을 회사는 영업 실적이 좋은 사원에게 더 많은 성과급을 지
>   급하기로 하였다.
> ㄷ. 병 회사는 사원 수를 늘릴 것인지, 공장 자동화 설비를 늘릴
>   것인지에 대해 고민하고 있다.

	(가)	(나)	(다)			(가)	(나)	(다)
①	ㄱ	ㄴ	ㄷ		②	ㄱ	ㄷ	ㄴ
③	ㄴ	ㄱ	ㄷ		④	ㄴ	ㄷ	ㄱ
⑤	ㄷ	ㄱ	ㄴ					

2011년도 수능 4번

밑줄 친 '제빵용 효모' 시장에서 나타날 것으로 예상되는 변화로 가장 적절한 것은? [2점]

〈○○신문〉
밀가루 가격 폭등 - 주요 밀 생산국의 기상 이변과 환율 변동으로 인해 국내 밀가루 가격이 가파르게 상승하고 있다.

〈제빵용 효모 전문 생산 업체 ○○ 기업〉
세상에서 가장 행복한 빵을 만드는 당신을 위한 최고의 효모, ○○ 효모

---

① 수요 감소로 인한 가격 하락
② 수요 감소로 인한 거래량 증가
③ 공급 감소로 인한 가격 하락
④ 공급 감소로 인한 거래량 감소
⑤ 공급과 수요의 감소로 인한 거래량 증가

2010년도 수능 8번

다음 글의 (가)~(마)에 들어갈 내용으로 적절하지 않은 것은? [3점]

엄격한 (가)을/를 고수했던 사회주의 국가에서 생산성 저하 문제를 해결하기 위해 다음과 같은 주장들이 제기되었다.
─주장 1: "현 경제 체제는 (나)와/과 정부의 통제를 통해 경제 문제를 해결해 왔다. 그러나 노동 의욕의 저하 문제를 해결하기 위해 (다)이/가 필요하다."

―주장 2: "현 경제 체제는 사회주의를 지향하므로 (라)을/를 포기할 수는 없다. 그러나 우리 사회의 지속적인 발전을 위해 생산성 증대가 요구되는 만큼 (마)이/가 필요하다."

① (가) - 계획 경제
② (나) - 생산 수단의 국가 소유
③ (다) - 경제적 유인의 제공
④ (라) - 능력과 성과에 따른 배분
⑤ (마) - 시장 경제 원리의 도입

〈2005년도 수능 1번〉 답 ②

생산물의 종류와 양, 생산, 방법, 생산물에 대한 분배 문제를 말하고 있습니다. ㄱ. 갑 선생님 경제와 사회, 문화 과목을 강의하는 것은 서비스를 생산하는 것에 해당합니다. ㄴ. 을 회사가 성과급을 지급하는 것은 생산성에 따라 그 결과를 직원에게 분배하는 것입니다. ㄷ. 병 회사가 노동력인 사원 수를 늘릴 것인지, 자본에 해당하는 공장 자동화 설비를 늘릴 것인지를 고민하는 것은 (나)와 관계가 있습니다.

〈2011년도 수능 4번〉 답 ①

밀가루의 가격이 상승하게 되면 빵의 공급은 감소하며 결국 빵에 대한 거래량이 감소하게 됩니다. 이에 따라 빵을 만드는 데 필요한 제빵용 효모의 수요도 감소하게 됩니다. 이처럼 어떤 재화의 거래량이 감소하면 자연히 그 재화를 구성하는 재료의 수요도 줄어들어 가격이 하락하게 됩니다.

〈2010년도 수능 8번〉 답 ④

사회주의 국가에서 생산성 저하가 나타났다는 점으로 볼 때, (가)는 계획 경제 체제를 말해 줍니다. 계획 경제 체제에서는 주로 (나) 생산 수단을 국가가 소유합니다. 이러한 경제 체제 아래서 노동자들은 노동에 대한 의욕이 떨어져 새로운 (다) 경제적 유인이 필요하지요. 사회주의를 지향한다면 (라) 공정한 분배를 포기할 수는 없으며, 〈보기〉에서와 같이 능력과 성과에 따라 배분되는 것은 시장 경제 체제의 원리입니다. 그러나 생산성 향상을 통해 사회의 지속적 발전을 위해 (마) 시장 경제 원리를 도입할 수 있습니다. ④에서 말하는 능력과 성과에 따른 배분은 사회주의 국가보다 자본주의 국가에서 더욱 중시하는 내용으로 (라)에는 적절하지 않으며 (라)는 공정한 분배를 말합니다.

○ 찾아보기

경제학자가 들려주는 경제 이야기 01

애덤 스미스가 들려주는 시장 경제 이야기

© 박주헌, 2011

초판 1쇄 발행 2011년 5월 16일
초판 7쇄 발행 2022년 1월 12일

지은이   박주헌
그린이   황기홍
펴낸이   정은영

펴낸곳   (주)자음과모음
출판등록 2001년 11월 28일 제2001-000259호
주소   10881 경기도 파주시 회동길 325-20
전화   편집부 02) 324-2347 경영지원부 02) 325-6047
팩스   편집부 02) 324-2348 경영지원부 02) 2648-1311
이메일   jamoteen@jamobook.com

ISBN 978-89-544-2551-3 (44300)

역사공화국 한국사법정 (전 60권)
세계사법정 (31권 출간)

교과서 속 역사 이야기, 법정에 서다!
법정에서 펼쳐지는 흥미로운 역사 이야기

흔히들 역사는 '승자의 기록'이라 말합니다. 그래서 대부분의 역사 교과서나 역사책은 역사 속 '승자' 만을 중심으로 이야기하지요. 그렇다면 과연 역사는 주인공들만의 이야기일까요?

역사 속 라이벌들이 한자리에 모여 재판을 벌이는 역사공화국 한국사·세계사법정에서는 교과서 속 역사 이야기가 원고와 피고, 다채로운 증인들의 입을 통해 소송을 벌이는 '법정식' 구성으로 극적 재미를 더하고 있습니다. 이를 통해 독자는 역사 속 인물들의 치열한 공방을 따라가며 역사를 입체적으로 살펴볼 수 있습니다.

과학공화국 법정시리즈 (전 50권)

생활 속에서 배우는 기상천외한 수학·과학 교과서!
수학과 과학을 법정에 세워 '원리'를 밝혀낸다!

이 책은 과학공화국에서 일어나는 사건들과 사건을 다루는 법정 공판을 통해 청소년들에게 과학의 재미에 흠뻑 빠져들게 할 수 있는 기회를 제공한다. 우리 생활 속에서 일어날 만한 우스꽝스럽고도 호기심을 자극하는 사건들을 통하여 청소년들이 자연스럽게 과학의 원리를 깨달으면서 동시에 학습에 대한 흥미를 가질 수 있도록 구성하였다.

과학자가 들려주는 과학 이야기 (전 130권)

위대한 과학자들이 한국에 착륙했다!
어려운 이론이 쏙쏙 이해되는 신기한 과학수업,
〈과학자가 들려주는 과학 이야기〉 개정판과 신간 출시!

〈과학자가 들려주는 과학 이야기〉 시리즈는 어렵게만 느껴졌던 위대한 과학 이론을 최고의 과학자를 통해 쉽게 배울 수 있도록 했다. 또한 지적 호기심을 자극하는 흥미로운 실험과 이를 설명하는 이론들을 초등학교, 중학교 학생들의 눈높이에 맞춰 알기 쉽게 설명한 과학 이야기책이다.
특히 추가로 구성한 101~130권에는 청소년들이 좋아하는 동물 행동, 공룡, 식물, 인체 이야기와 최신 이론인 나노 기술, 뇌 과학 이야기 등을 넣어 교육 과정에서 배우고 있는 과학 분야뿐 아니라 최근의 과학 이론에 이르기까지 두루 배울 수 있도록 구성되어 있다.

★ 개정신판 이런 점이 달라졌다! ★

첫째, 기존의 책을 다시 한 번 재정리하여 독자들이 더 쉽게 이해할 수 있게 만들었다.
둘째, 각 수업마다 '만화로 본문 보기'를 두어 각 수업에서 배운 내용을 한 번 더 쉽게 정리하였다.
셋째, 꼭 알아야 할 어려운 용어는 '과학자의 비밀노트'에서 보충 설명하여 독자들의 이해를 도왔다.
넷째, '과학자 소개·과학 연대표·체크, 핵심과학·이슈, 현대 과학·찾아보기'로 구성된 부록을 제공하여 본문 주제와 관련한 다양한 지식을 습득할 수 있도록 하였다.
다섯째, 더욱 세련된 디자인과 일러스트로 독자들이 읽기 편하도록 만들었다.